Dorothée Kreusch-Jacob

finger spielen

Das große Buch der Kinderreime und Fingerspiele

Hände tanzen

Mit Bildern von Hans Poppel

Don Bosco

Bibliografische Information Der Deutschen Bibliothek

Die Deutsche Bibliothek verzeichnet diese Publikation in der
Deutschen Nationalbibliografie; detaillierte bibliografische
Daten sind im Internet über <http://dnb.ddb.de> abrufbar.

Neu von Dorothée Kreusch-Jacob:

Unter dem gleichen Titel gibt es auch eine MC (Bestell-Nr. 3-491-87005-4)
und eine CD (3-491-88751-8) bei pläne/Patmos.

3. Auflage 2003 / ISBN 3-7698-1048-1
© 1997 Don Bosco Verlag, München
Umschlaggestaltung: Hans Poppel
Quellenverzeichnis am Schluß des Buches
Gesamtherstellung: Don Bosco Grafischer Betrieb, Ensdorf

Gedruckt auf umweltfreundlichem Papier

Inhalt

Denkt euch nur, der Frosch ist krank! ... vom Streicheln und Trösten

Geht ein Männlein über die Brücken ... mit Händen was erzählen

Schau, der Kater spielt Theater ... ein kleines Fingertheater

---

Kommt, wir spielen Handsalat ... allerlei Handspielereien

Ich mag dich wie ein Elefant ... mit Händen Freundschaft schließen

Die Hand
Pädagogische und methodische Gedanken

Werkzeug und Instrument

„Die Hand ist das Werkzeug aller Werkzeuge", sagte bereits Aristoteles. Ein Glied unseres Körpers also, das „zu vielem dient und sich vieles dienstbar macht", so Karl Gadamer, ein Philosoph unserer Zeit. Es mag erstaunen, daß bereits das erst sieben Wochen alte Ungeborene erkennbare Hände und Finger hat. Und dabei sind seine Arme eben so groß wie ein Anfangsbuchstabe in diesem Satz! Winzige Hände also, die sich nach einigen Wochen schon zur Faust runden und im siebten Schwangerschaftsmonat bereits in den Mund wandern, um zu nuckeln.

Hände, ein Wunderwerk der Natur, charakteristisches Merkmal der Spezies „Mensch". Erst seit sie von der Funktion der Fortbewegung durch den aufrechten Gang befreit waren, konnten die Hände zum wichtigsten Instrument werden, mit dem sich tausend Hand-griffe und Hand-lungen ausführen lassen.

Wie oft werden sich die kleinen Kinderhände im Laufe der Jahre öffnen und schließen, zum Abschied winken, einen Hasen streicheln, in der Nase bohren, ein Bild aufs Papier zaubern, ein Geschenk auspacken, eine Kußhand oder einen Schneeball werfen, sich anklammern und wieder loslassen, geben und nehmen ...

Wie eng diese Hände in ihrem kindlichen Hand-eln mit der Entwicklung des Denkens verbunden sind, ahnte bereits der Philosoph Immanuel Kant. Er bezeichnete sie als das „äußere Gehirn" des Menschen. Entwicklungsgeschichtlich bestehen enge Verbindungen zwischen Fühl- und Formfähigkeit der Finger und den Funktionen des Denkhirns. Sprachliches und motorisches Zentrum liegen eng benachbart. Wenn Hände oder Finger sich bewegen, muß das Gehirn zehnmal mehr Impulse senden, als wenn sich ein Fuß bewegt. Hände beanspruchen außerdem einen wesentlich größeren Bereich der motorischen Anlagen in der Großhirnrinde als der gesamte Rumpf. Allein auf unserer Fingerspitze enden ca. 3500 Nervenbahnen. Mit der Dichte an Sinneszellen kann es nur die Zungenspitze mit den Fingerspitzen aufnehmen.

Sowohl die motorischen Tätigkeiten der Hand, ihre Bewegungsfähigkeit und Geschicklichkeit, als auch die mit den Händen verbundene Wahrnehmungsfunktion des Tastens und Greifens tragen entscheidend zur geistigen Entwicklung des Kindes bei. Wundern wir uns also nicht, wenn wir in vielen Begriffen, die mit Denken oder geistigem Tun zusammenhängen, sprachliche Wurzeln entdecken, die mit Handbewegungen zusammenhängen: z. B. bilden, be-greifen, Begriff, er-fassen, Be-gabung ...

Der Philosoph Carl Jaspers bezeichnet die Hand als „ein Werkzeug des Denkens, aber so, daß ihr sinnvolles Tun unmittelbar die Wirklichkeit des Denkens ist, die Lust des Denkens in der Einheit mit der Hand sich vollzieht".

Fassen, fühlen, bilden

„Die Lust des Denkens in der Einheit mit der Hand ..." Kinder nehmen die Welt, die Dinge und Menschen um sich herum mit allen Sinnen wahr. Von diesen ist der „haptische" Sinn (wörtl. = erfassen) der unmittelbarste. Nicht allein die vorgeburtlichen, auch die ersten Eindrücke nach der Geburt sind hauptsächlich von diesem haptischen Sinn geprägt. Nicht einmal die Entwicklung räumlicher Vorstellung durch das Auge ist ohne das Ertasten von Raum und Umwelt möglich. In seinem Entwicklungsroman „Émile" beschreibt Jean-Jacques Rousseau das Kind in seinen ersten Lebensjahren:

„... alles will es berühren, in die Hand nehmen. Tut nichts gegen diese Unruhe, sie ermöglicht ihm eine äußerst notwendige Schulung. So lernt es die Wärme, die Kälte, die Härte, die Weichheit, die Schwere und Leichtigkeit der Körper fühlen, – über ihre Größe, ihre Form und alle ihre wahrnehmbaren Eigenschaften urteilen, indem es sie betrachtet, betastet, hört, vor allem aber indem es Gesichts- und Tasteindrücke vergleicht, indem es mit dem Auge die Empfindungen schätzt, die sie seinen Händen erzeugen würden ..."

Dieses Lernen über die Sinne „in der Einheit mit der Hand" ist für die kindliche Entwicklung von elementarer Bedeutung. Und es bleibt auch später die Basis aller geistigen Tätigkeiten. Eine Erziehung, die den fundamentalen Zusammenhang zwischen Geist und Körper ignoriert und trennt, handelt nicht im Sinne einer ganzheitlichen Förderung aller Fähigkeiten im Kind. Spielen, hand-eln, lernen ... Fassen, fühlen, bilden ...

Berühren und sich berühren lassen

Tasterlebnisse sind eine Quelle von Empfindungen, die die verschiedensten Gefühle auslösen: Freude, Liebe, Lust, Traurigkeit, Wut, Ruhe ... Wenn Kinder taktil zu wenig erleben, entsteht oft „ein Mangel an Kontakt- und Empfindungsfähigkeit, ein Fehlen der Identität, Absonderung, Gefühlsschwäche und Gleichgültigkeit ...", so schreibt Ashley Montagu.

Auch in der Sprache schlägt sich nieder, was Kinder in einer Zeit vorherrschender visueller Medien oft versäumen. So kann man bei einer Vernachlässigung der nicht-visuellen Sinne eine Verarmung des Wortschatzes beobachten. Wie sollten Kinder auch Worte finden für das, was ihnen nur die Hände an sinnlichen und emotionalen Erlebnissen vermitteln können?

Kontakt mit der Welt, Berührung mit dem Du, das Innen mit dem Außen, das Außen mit dem Innen verbinden, das wird mit unseren Händen möglich. Ganz gleich, ob kleine oder große Hände. Während sie sich gemeinsam durch dieses Buch spielen, wird vieles zu spüren sein auf dieser kleinen Hautfläche unserer Fingerspitzen. Hugo Kükelhaus nennt in seinem Buch „Fassen, fühlen, bilden" die Haut das Organ unserer Grenzen. Hier hört das Ich auf, hier beginnt das Du. „... eines geht in das andere über, tauscht sich mit dem anderen aus, eines wirkt auf das andere ein. Die Haut ist eine aktive Membran. Sie lebt in und durch Kommunikation." Jede Trommel hat ihre Membran. Sie schwingt und vibriert, im Ur-rhythmus des Herzschlags. Spielen wir also auf diesem Hand-In-strument!

In den folgenden Vor-spielen zu diesem Buch können Kinder spielend ihren Händen näherkommen, indem sie sie spüren oder tanzen lassen, bemalen oder als buntes Bild an die Wand hängen.

Hände-Malen

Mit der Fingerspitze „malen" wir in die Handfläche des anderen. Wer dabei die Augen schließt, fühlt, welche Form da entsteht – ein Punkt, ein Kreis, eine Sonne, ein Baum, eine Maus?
Anschließend wird auf den Rücken gemalt. Auch hier heißt es· fühlen, spüren, raten!

Hände-Tanz

„Ich bin ein Musikant, kann spielen mit der Hand ..." Zur Melodie dieses Liedes (S. 153) oder einer anderen Musik lassen wir die Hände tanzen, auf und ab, hin und her. Am Abend verwandeln wir dieses Spiel in einen Schattentanz.

Hände-Raten

Was alles können unsere Hände darstellen? Jeder Mitspieler denkt sich etwas aus. Die anderen dürfen raten. Ist es ein Nagel, ein Zappelfloh, ein aufgespannter Regenschirm, ein Ball, ein Igel? – Am Abend kann dieses Spiel weitergehen und zum Schattenratespiel werden.

Hände-Druck

Freundschaft schließen mit den Händen kann auch heißen, sie in Farbe tunken und Bilder entstehen lassen. Hand-Spuren wandern über ein Blatt Papier. Vielleicht treffen sich die roten Spuren des eines Kindes mit den blauen eines anderen. Vielleicht beginnen sie zur Musik auf einem langen Tapetenstück zu tanzen ...

Daumenkäfer und Fingerzwergerl

Ein farbiger Daumen, aufs Papier gedruckt, sieht aus wie eine Spirale. Unverwechselbar! Keiner gleicht dem anderen. Nachdem wir den Kindern Zeit gelassen haben, diesen winzigen Spiralwegen mit den Augen zu folgen, bekommt der Daumenabdruck eine neue Form. Der eine wird zum „Sonnenkäfer" (S. 118) mit Krakelbeinen und schwarzen Punkten. Der andere bekommt eine Zipfelmütze auf den Kopf und rennt auf zwei Beinen davon: „Ganz ein kleines Zwergerl ..." (S. 34).
Immer wieder begegnen uns in den Handmärchen dieses Buches Figuren, zu denen das Kind sprechen und malen kann!

Sonnen-Hand

„Liebe Sonne, komm heraus ..." heißt es in einem Vers. Eine ganz in gelbe Farbe getauchte Hand drückt ihre Form aufs Papier.
Dort dreht sie sich langsam um die eigene Achse. So entsteht allmählich eine strahlend gelbe Finger-Sonne.

Meine Hand!

Eine kleine Hand drückt sich in feinen Sand. Ein schönes – und leider vergängliches Vergnügen. Damit wir uns später einmal wieder an die Zeit der kleinen Hände und die Spiele in diesem Buch erinnern, drückt sich die kleine Hand lieber in eine Form mit feuchtem Gips. Sobald der Abdruck hart geworden ist, bekommt er einen besonderen Platz im Kinderzimmer. Ein Denkmal, Fühl-mal, Schau-mal!

Sprache und Bewegung

Sprache und Hand, Sprache und Bewegung, eine Verbindung, wie sie umfassender nicht sein könnte. Der Philosoph Hans Gadamer drückt das so aus: „Wie in der Hand der ganze Mensch, so ist in der Sprache das ganze Universum menschlicher Welterfahrung niedergelegt. Die Gelenkigkeit und die Ausdrucksfähigkeit der Hand wie des Wortes beruhen darauf, damit sie nicht auf bestimmte Dinge festgelegt und bestimmten Funktionen eingepaßt sind, sondern ihr eigenes Sein gerade darin vollenden, gegenüber einer Vielfalt möglicher praktischer Verwendung Abstand zu haben und Freiheit zu besitzen."

Kinderhände „erzählen", noch ehe das Kind sprechen gelernt hat. Unermüdlich in Aktion spielen, tanzen, greifen, plaudern sie. Zunächst die ganze Hand, dann werden die Bewegungen feiner. Das Kind lernt auch, die einzelnen Finger in dieses Spiel miteinzubeziehen. Dazu erfindet es seine ganz eigene „Begleitmusik" mit der Stimme. Es kräht und plappert, gluckst und trällert, spielt mit Silben, Lauten und Wörtern, ahmt nach und erfindet Neues. Bewegungs- und Sprachentwicklung stehen also in enger wechselseitiger Beziehung, gehen „Hand in Hand". Maria Montessori sieht deshalb Erziehung als eine Einheit, in der Kopf, Herz und Hand ineinandergreifen. Denken, Fühlen und Handeln als ganzheitlicher Prozeß. So wie Kinder lernen, mit Hilfe des Gehirns ihre Bewegungen zu lenken und aufeinander abzustimmen, kann sich umgekehrt Bewegung auch auf ihre psychisch-geistige Entwicklung und das Sprachdenken positiv auswirken.

Fingerspiele knüpfen also, so einfach sie auch sein mögen, direkt an die Spiel- und Bewegungslust der Kinder an. Sie wollen berühren, wollen Lachen herauskitzeln, beim „Wort" genommen werden und viele Male ein „Nochmal!" erleben. Poetische Kinkerlitzchen, die so ganz nebenbei große Wirkungen haben. Auf die Differenzierung der Sprechwerkzeuge ebenso wie auf sprachliche Fantasie, auf akustisches Wahrnehmungsvermögen wie Psychomotorik.

Das Sprach-Spielzeug „Fingervers" will bewegt und be-griffen werden. Mit allen Sinnen, schauend, horchend und tastend. Denn sinnlicher Kontakt ist direkter und „umfassender" als Wortsprache. Spielend laden diese Verse dazu ein, sich selbst und anderen mit sensiblen Fingerspitzen näher zu kommen. Sprachspielereien mit Silben und Lauten lassen die Stimme zum „Instrument" werden. Rhythmische Klatschspiele fordern Klangsinn und Geschicklichkeit heraus. Fast könnte man dabei von einer Art „Muskelgedächtnis" sprechen (Montessori). Klang, Sprache und Bewegung werden eins – und hinterlassen Spuren auf Nimmer-wieder-Vergessen.

Zauberwort „Reim"

Reim dich – und ich lieb dich! Warum mögen Kinder Reime so gern? Irgend etwas muß dran sein, warum sich die alten Kinderreime bis heute erhalten haben. Wander-Reime könnte man sie nennen, da sie bereits seit Generationen unterwegs sind. Von Mund zu Mund weitergegeben, abgeschliffen, ausgeleiert, verändert und wieder mit frischer Farbe, neuem Klang versehen. Nicht totzukriegen, respektlos und zauberhaft, oft simpel und naiv, manchmal mit „anarchischem" Humor, an dem jede Ideologie scheitert (Hans Magnus Enzensberger). Für Kinder die erste poetische Erfahrung, noch ehe sie die Welt in Worte und Begriffe fassen können.
Woher diese Verse kommen, wie sie entstanden, bleibt oft im Dunkel. Ihr Ursprung „speist sich aus vielen Quellen, keiner Epoche sind sie zuzuschreiben. Oft war, was wir Kinderreime nennen, ursprünglich gar nicht für Kinder gedacht", so schreibt der englische Forscher Peter Opie. Eine bunte Mischung also aus Sprichwort, Rätsel, Gassenhauer, Moritat, Volkslied, Ballade, entsprungen aus Brauchtum und Ritual.
Es gibt sie in allen Ländern der Welt – und sie gleichen sich auch. Aneinandergereihte Gleichklänge, Stabreime und Silbenpaare, Heile-Segen-Beschwörungen und lautmalender Sprachunsinn, jenseits logischer Zusammenhänge, bilderreich und klangschön. – Für Kinder, das wissen wir heute, sind Reime noch immer das, was

sie in alten Zeiten einmal waren – von unmittelbarer Magie. Zaubersprüche und Beschwörungsformeln.

Reim dich – oder ...

Kleinkinder „fliegen" auf gleichklingende Silbenpaare, wie sie nicht nur in ihren eigenen Wortschöpfungen, sondern auch in Reimen und Liedern oft vorkommen. Hopp-hopp, zirle-mirle, dubedubedub ... Stabreim und Gleichklang als Symbol für das Doppelte, aber auch für die Sehnsucht nach dem Eins-sein mit der Mutter? Wiederholungen als unbewußt-magische Zauberformeln, um Ur-Vertrauen in die Welt zu entwickeln?

Später dann, ab etwa drei Jahren, springt das Kind – „Schwupp-diwupp" – in den Endreim. Selbständigkeit kündigt sich an. Und damit auch die Lust, sich – „Sim-sa-la-bim" – aus der Enge des harmonisch-runden Reims immer mal wieder zu lösen. Das Reimdich-oder-ich-freß-dich-Spiel treibt schließlich mit ca. fünf Jahren seine kunterbunten Blüten.

Und trotzdem braucht das Kind doch immer wieder den Rückzug in die Geborgenheit des Reims, etwa beim Heile-Segen-Ritual, beim Streicheln und vor dem Einschlafen, beim vertrauten Erleben des Gleichklangs von Sprache und Bewegung.

Alte und neue Kinderreime

Früher waren Kinderreime und Fingerspiele eine Selbstverständlichkeit im Kinderalltag. Keiner brauchte sie als Erwachsener zu lernen. Man kannte sie von klein auf, gab sie von Ohr zu Ohr, von Hand zu Hand weiter. In einer Zeit wie heute, in der alles schriftlich festgehalten wird, mag es verwundern, daß Reime sich so lange Zeit über Generationen hinweg nur vom Hörensagen und Weitersagen halten konnten.

Wahrscheinlich haben die Kinder das Ihre dazu getan. Ihr unerbittliches „Noch einmal!" signalisierte Eltern und Großeltern: So und nicht anders mußte der Reim lauten – ganz wie beim ersten Mal!

Kinder waren also ganz wesentlich am Weitergeben der alten Kinderreime beteiligt. Und sie sind es bis heute! – Ob und wie ein Vers oder Fingerspiel „ankommt", wird das Kind entscheiden. Ganz gleich, ob alt oder neu – es bestimmt letztendlich die Auswahl. Hans Magnus Enzensberger schreibt in seiner beispielhaften Sammlung von alten Kinderreimen, in „Allerleihrauh": „Letzten Endes weiß jedes Kind, daß es ‚gute‘ und ‚schlechte‘ Reime gibt. Ein guter Reim ist immer zu brauchen – er enthält immer eine Entdeckung, mag sie im Gesumm der Wörter, im Aufglänzen der Sprache, im Rhythmus oder in der Anschauung liegen. Wo also etwas aufspringt oder aufgedeckt wird, da gilt es zuzugreifen. Nicht ein fehlerloser Strophenbau, keine technische Vollkommenheit entscheidet über den poetischen Wert dieses Reimes oder eines anderen. Gut ist, was dem Kind Welt als Sprache zuträgt und kenntlich macht – jede Silbe eine Überraschung, ein winziges Wunder."

Winzige Wunder – wie kommen sie an?

Ob Sprache „aufglänzt" oder die Wörter „summen", ist zunächst von dem abhängig, der sie zum Klingen bringt: vom Erwachsenen. Herunterleiern und ein-töniges Sprechen wirkt „reim-tötend". Achten Sie deshalb auf Ihre Stimme. Paßt sie zu dem, was das Gedicht sagen will? Ausdruck und Stimmlage sollten dem Reim Farbe geben. Lassen Sie dabei auch die Hände (Gestik) und das Gesicht (Mimik) mitsprechen. So weit es möglich ist, sollten Sie sich auch vom Buch lösen. Was für Märchen gilt, ist auch für Fingerspiele wichtig – denn für sie muß man ja eigentlich beide Hände frei haben. „Erzählen ist besser als vorlesen, weil es Flexibilität erlaubt", schreibt Bruno Bettelheim.
Diese Flexibilität erlaubt auch einen flexiblen Einsatz. Je nach Situation können wir unseren Wort-Schatz aus der Tasche ziehen. Reime, Verse, Fingerspiele, Lieder – sie alle brauchen den richtigen Augenblick. Der lange verregnete Nachmittag, das Warteinweilchen im Wartezimmer, der kleine Trost zwischendurch, Geburtstag, der erste Schnee, Sonne ...

Auch die Reime selbst verlangen Beweglichkeit. Vielleicht läßt sich der Name des Kindes einsetzen. Vielleicht geben wir dem Vers eine kleine Melodie oder lassen ein Fingerspiel auch in die etwas ungewohntere Hand wandern. Vielleicht können wir einen veralteten Begriff durch ein anderes Wort aktualisieren oder hauchen einem komplizierten Fingerspiel durch Vereinfachen neues Leben ein.

Kinder machen gerne bei diesem Spiel mit, suchen nach Reimwörtern oder ergänzen Sätze, indem sie ihre eigenen Erfahrungen einfließen lassen. So entsteht etwas ganz Persönliches und Neues, mag es auch holpern und stolpern. Kindergedichte sind selten glattgeschliffen. Im Gegensatz zu manchen kindertümelnden und niedlichen Versen, die der Tradition der „Kinderstube" entstammen, haben Reime, an denen Kinder mitgewirkt haben, oft etwas Herbes, Eigen-sinniges und Eigen-ständiges an sich. Hier treffen sie sich mit dem Charakter der Kinderreime aus alter Zeit.

„Der Kinderreim zweifelt an sich selber nicht. Er ist sich seiner Sache sicher. Darin hat er recht, – er ist heute die einzige poetische Form, deren unmittelbarer Nutzen auf der Hand liegt. Er wird gebraucht. Alles ist noch unentdeckt – das eigene Gesicht, die eigenen Finger, die Tiere, die Jahreszeiten, das Wetter... Der Reim verhilft dem Kind dazu, sich in dieser Welt einzurichten, ihrer Herr zu werden. Essen und Einschlafen, Sprechen und Fragen, Gehen und Zählen, Schaukeln und Spielen sind Künste, die der Reim ihm kunstvoll zuträgt. Daher kommt seine Würde, die eines Gebrauchsgegenstandes, – daher seine Härte, seine Festigkeit, sein Eigensinn, seine Lebenskraft ..." (Hans Magnus Enzensberger, „Allerleihrauh").

Worte der Berührung

Wir haben es „in der Hand" – denn unsere Hände sprechen eine eigene Sprache. Unsere Sinne, die Haut, der ganze Körper verstehen diese Worte. Worte der Berührung, wie sie seit ewigen Zeiten die Mütter zu ihren Kindern sprechen. Wir wissen, wie sehr Kinder den Kontakt brauchen, der ihnen das Gefühl von Liebe, Geborgenheit und Nähe vermittelt. „Aus allem, was das Kind empfindet, wenn die Mutter es in ihren Armen hält oder es an sich drückt, bildet sich die grundlegende Möglichkeit der Kommunikation, eine erste Sprache, die erste Herstellung einer Berührung mit einem anderen Menschen, die Grundlage des spezifischen „menschlichen Verhaltens", so schreibt Ashley Montagu in ihrem Buch „Körperkontakte".

Berührungen sind emotionale Nahrung. Kinder, die oft berührt und gestreichelt werden, entwickeln sich körperlich, geistig und seelisch besser als solche, die wenig „über die Haut" erleben.

Fingerspiele und Kinderreime wollen berühren, wollen streicheln und kitzeln, krabbeln und kribbeln, wollen auf und unter die Haut. Nur so „wirken" sie. Und diese Wirkung ist wohltuend, weil sie Genuß und Lachen hervorbringen, weil sie trösten und heilen.

Besonders bei den zum Teil uralten Heile-Segen-Versen spüren wir intuitiv die andere Dimension, die hinter den einfachen und beruhigenden Worten steckt: durch Berührung Wohlbefinden und Vertrauen schenken. Heile-Segen-Rituale leben aus der wechselseitigen Beziehung. Unsere Hände lassen das Kind spüren, daß jemand da ist, der seinen kleinen oder großen Kummer wahrnimmt, der tröstet und verspricht: „Morgen ist alles wieder heil und ganz." Auch wenn dieses „Morgen" noch ein wenig Geduld und Warten bedeutet.

Berührungsspiele ergeben sich jedoch nicht nur bei den Heile-Segen-Versen in diesem Buch. Jeder Vers, zu dem das Kind eine besondere Beziehung hat, kann eine Berührungssprache sprechen und damit heilsam wirken. Manchmal genügt ein Satz, um eine wohltuende Massage auszulösen. „So tappt der Bär den Berg hinauf" (Lied S. 48). Ein anderes Mal folgen unsere Hände einem Sprachrhythmus und – „dubedubedub" – tanzen die Fingerspitzen über die Körperlandschaft (S. 54). Da gilt es zwischen den Zeilen zu lesen und der eigenen Phantasie – auch der des Kindes! – Spielraum zu lassen. Geben Sie sich dabei genügend Zeit, um das zu entdecken, was wohltut und heilsam ist. Vielleicht braucht ein Vers ein sehr viel langsameres Tempo als gewohnt. Vielleicht will er an einem bestimmten Punkt unterbrochen werden, damit die Hand auf der Haut weiter „erzählen" kann ...

Dialog mit den Händen

Körperbezogenes Spiel und Massagen sind intensive Formen von Berührung. Im Wechselspiel von Geben und Empfangen braucht es keine spezielle „Technik". Intuition, Vertrauen in uns selbst und in das Kind sind die besten Lehrmeister. Unsere Hände werden es richtig machen, indem sie langsam und feinfühlend, aufmerksam und konzentriert Kontakt mit der Haut des Empfangenden aufnehmen. Dieser, in unserem Falle das Kind, kann sich entspannen und ganz den Händen anvertrauen, die ihn verwöhnen.

Bevor Sie beginnen, ist es jedoch notwendig, daß Sie sich selbst entspannen, innerlich bereit machen. „Wie innen – so außen", heißt es in einem alten Spruch. Hände teilen mit, wie es „innen" aussieht. Lebensenergie kann jedoch nur fließen, wenn wir nicht angespannt und blockiert sind. Entspannt sind wir uns selbst und den Quellen unserer Intuition näher. Diese Energie und Kraft in unseren Händen zu wecken, setzt immer auch Arbeit an uns selbst voraus. Sich ab und zu aus der Hektik des Alltags zurückziehen, die Sprache der Sinne wiederentdecken, Gefühle stärker „zur Sprache" bringen, in der Stille inneren Ausgleich suchen: so kommen wir unserem eigenen Heilpotential näher – und entwickeln gleichzeitig ein Gespür für die Befindlichkeit des Kindes.

„Ei wie langsam, ei wie langsam kommt der Schneck von seinem Fleck ..." Hände spüren Berührung – und werden wieder berührt. Jede Spür Erfahrung macht sie feinfühliger. Was gefällt dem

Kind? Was ist ihm weniger angenehm? Geht sein Atem ruhig und fließend? Ist es locker und entspannt? – Beobachten Sie Ihr Kind, nehmen Sie es in seinen Reaktionen und Wünschen wahr. Je wacher und unvoreingenommer Sie sich selbst und dem Kind gegenüber sind, desto eher wird es gelingen, ein sensibles Gleichgewicht zwischen Nähe und Abstand zu wahren.

Hände, die weiterschenken

Wann haben Sie zum letzten Mal Ihre Hände verwöhnt? Wer ihnen und sich selbst etwas Gutes tun will, gönnt ihnen ab und zu eine Massage. Sie macht nicht nur Finger und Hände warm und wach, sondern wirkt auf den ganzen Körper regenerierend und heilend. Kein Wunder, denn in den Händen entspringen und enden Energielinien (Meridiane), auf denen Punkte liegen, die mit unseren inneren Organen in Verbindung stehen. Durch eine Handmassage werden diese stimuliert, der Energiefluß wird angeregt, Stauungen und Spannungen können abgebaut werden.

Handmassage – Reflexzonen der Hände

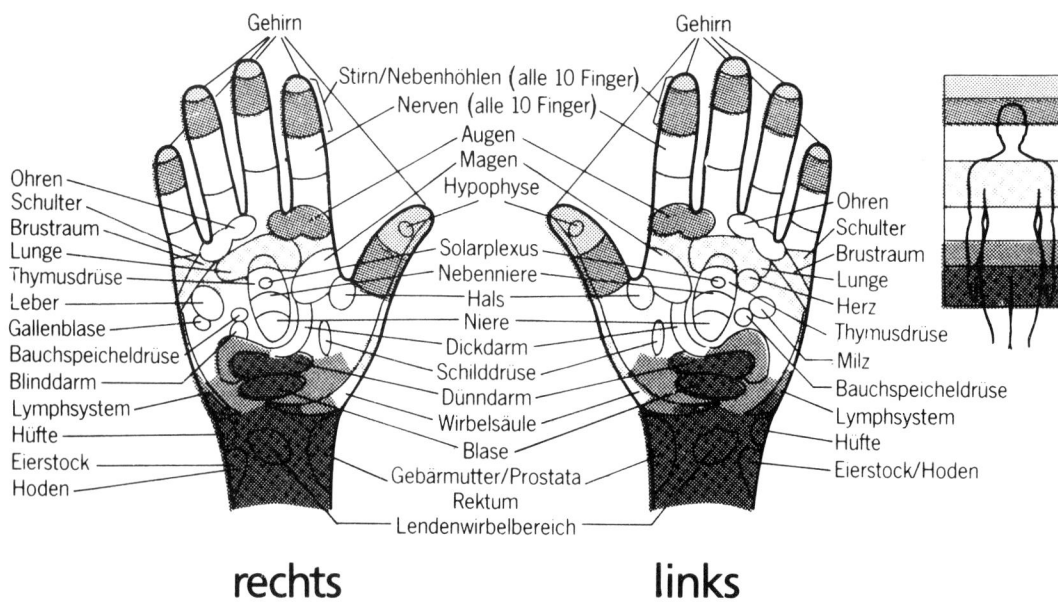

Handmassage

Eine kurze, wirkungsvolle Massage zwischendurch. Sie sollten sie sich erst einmal selber gönnen, ehe Sie sie an eine kleine Hand weitergeben.

Machen Sie es sich bequem. Lassen Sie Ihren Atem kommen und gehen. Dann lockern Sie ein wenig das Handgelenk durch leichtes Drehen.

Nun beginnt die eine Hand die andere sanft zu massieren, von den Fingerwurzeln bis zu den Fingerspitzen. Vergessen Sie dabei auch nicht die Handkanten, die Innenseiten der Handgelenke und die „Schwimmhäute" zwischen den Fingern. Was braucht die Hand? Sanftes Kreisen? Intensiveren Druck? Spüren Sie die Muskeln, die Knochen? Wo fühlt es sich besonders empfindlich an? Genießen Sie das Gefühl zwischen „Wohl" und „Weh" und spüren Sie dem noch ein wenig nach. Anschließend streichen Sie Finger für Finger aus. Gönnen Sie auch der anderen Hand eine Massage.

Wenn Sie einem Kind die Hände massieren, beobachten Sie genau, was es braucht und ob es sich dabei wohlfühlt. Ein kleiner Vers aus diesem Buch kann Brücken bauen: „Da ist ein Weglein, da läuft ein Häslein ... "

Diese Massage macht munter, wenn Kinder durchhängen, müde oder quengelig sind. Sie gibt dem Körper angenehme Wärme und stärkt das Immunsystem.

Duft-Hände

Schon kleine Kinder können sich ihr eigenes Massage-Öl selber machen. Das spricht nicht nur die Haut, sondern auch Nase und Seele an. Besonders geeignet für Kinder sind folgende ätherische Düfte: Lavendel, Honig, Orange, Mandarine, Vanille (bereits ein paar Tropfen genügen. Wir geben sie in einen Eierbecher, der mit einem naturreinen Öl gefüllt wurde, z. B. Sonnenblumen-, Mandel- oder Jojoba-Öl). Noch lange nach der Handmassage können zwei kleine Dufthände der Nase Erinnerungen zufächeln.

Zauberhände voller Energie

Mit unseren Händen schenken wir Trost, Kraft und Energie weiter. Um sich dieser Energie erst einmal bewußtzuwerden, reiben wir die Handflächen so lange kräftig gegeneinander, bis sie ganz warm sind. Dann halten wir sie etwa eine Daumenbreite im Abstand und bewegen sie vorsichtig und mit Gefühl hin und her. Was ist zu spüren? – Jetzt verteilen wir diese Energie über die ganzen Hände, indem wir sie bewegen, als würden wir sie waschen. Bevor wir mit einer Massage beginnen, spüren wir noch einmal in unsere Hände hinein. Nun sind sie „wach" und bereit, Wohlbefinden weiterzugeben.

Die entstandene Energie ist sogar zu spüren, ohne daß Sie das Kind berühren. Halten Sie Ihre Hände etwa 1 cm über der Hautoberfläche. Mit geschlossenen Augen soll das Kind raten, wo Sie es „bestrahlt" haben. War es warm? Hat es gekitzelt? War eine Gänsehaut zu spüren?

Auf die Haut „erzählen"

Die folgenden kleinen Geschichten können direkt auf die Haut „erzählt" werden. Sie wollen dazu anregen, verschiedene Arten von Berührungen auszuprobieren. Das Wahrnehmen der ruhenden Hand, sensibles Spiel mit den Fingerspitzen, tiefer gehende Bewegungen, belebendes, lockeres „Aufschütteln", entspannendes Ausstreichen ... Diese Geschichten wollen aber auch dazu anregen, selbst nach Versen und Reimen in diesem Buch zu suchen – und beim Massieren und anderen körperbezogenen Spielen der eigenen Phantasie Raum zu geben. Viel Spaß macht es dabei, auch immer wieder die Rollen zu wechseln. Also – bitte berühren!

Kleine Regengeschichte

Noch scheint die Sonne,
spürst du, wie warm sich ihre Strahlen
anfühlen?

Handflächen auf den Rücken legen und die Wärme eine Zeitlang fühlen lassen

Aber langsam ziehen graue Wolken auf.
Langsam, langsam ziehen sie über
den Himmel.

Streichbewegungen mit beiden Händen

Schon bläst ein leichter Wind.
Spürst du ihn?

Über den Rücken blasen

Horch, es tröpfelt schon!

Zartes Tupfen mit den Fingerspitzen

Horch, es regnet!

Kurze Streichbewegungen

Horch, es schüttet!

Fester trommeln

Horch, es hagelt!

Nun sind sogar ein wenig die Fingernägel zu spüren.

Es blitzt und donnert!

Hier und dort ein leichter Klaps mit der hohlen Hand

Alle Zappelmänner rennen schnell
nach Haus.

Mit den Fingerspitzen über den Rücken „rennen" und sie verschwinden lassen

Dorothée Kreusch-Jacob

Im Garten

Die Erde ist warm von der Sonne. *Wärme der Hände spüren lassen*

Es ist Zeit, dein kleines Beet anzulegen. *Ein Beet auf den Rücken malen*

Komm mit, erst graben wir die
Erde um. *In Kreisbewegung „tief" durch die Muskeln graben, die Wirbelsäule entlang*

Dann wird sie gelockert und gehackt. *Mit lockeren Bewegungen den Rücken „auf- und abhäckeln"*

Und nun rechen wir alles glatt,
hin und her, her und hin ... *Hände „rechen" quer über den Rücken.*

Jetzt ziehen wir Furchen quer
übers Beet! *Die Handknöchel der Faust streichen von oben nach unten den Rücken hinab.*

Was magst du säen?
Radieschen oder Rührmichnichtan? *Die Hände hochnehmen und leicht damit über die Haut fächeln*

Sonnenblumen oder Zittergras? *Zart mit beiden Handflächen auf der Hautoberfläche „zittern" und vibrieren*

Vorsichtig drücken wir die Samen
in die Furchen. *Mit leichtem Fingerdruck in die Haut stupfen*

Jetzt verteilen wir noch die Erde. *Mit gekreuzten Händen kreuz und quer über den Rücken „wischen"*

Oh, – fast hätten wir das Gießen
vergessen! *Alle Fingerspitzen trommeln.*

Und nun heißt es warten, bis
alles wächst. *Langsam und sehr ruhig von oben nach unten ausstreichen*

Dorothée Kreusch-Jacob

Rechts und links im Ein-Klang

Manche meinen
lechts und rinks
kann man nicht velwechsern.
Werch ein illtum!

Ernst Jandl trifft mit seinem kleinen sprachlichen Verwirrspiel ins Schwarze. Welch ein Irrtum, wenn wir meinen, ein kleines Hand-märchen hätte nicht mehr Sinn, als rechte oder linke Hand im Sprachrhythmus zu bewegen. Was hier vor allem bewegt wird, ist unser Gehirn. Von diesem Standpunkt her betrachtet, kann dieses Spiel beide Seiten (Saiten) in uns zum Schwingen und Klingen bringen. Mögen wir diese Seiten nun „rechts" oder „links", mögen wir sie weiblich oder männlich, intuitiv oder rational nennen. Mö-gen wir sie nach östlicher Philosophie Yin oder Yang, nach C.G. Jung Animus oder Anima nennen.

Äußerlich einer Walnuß ähnlich, besteht unser Gehirn aus zwei Hälften. Linke und rechte Gehirnhälfte (Hemisphären) sind durch einen Nervenstrang (corpus callosum) verbunden, der Austausch und Kommunikation zwischen ihnen ermöglicht. Obwohl sich diese Gehirnhälften gleichen, sind sie doch von ihrer Funktion her verschieden. In wechselseitiger Symmetrie kontrolliert die linke Gehirnhälfte alle motorischen und sensorischen Impulse der rechten Hand, des rechten Fußes ... Der rechten Gehirnhälfte dage-gen ist die linke Körperseite zugeordnet.

Dazu kommt, daß beiden Gehirnhälften typische Bewußtseinsfor-men und Denkweisen zu eigen sind. Links denken wir linear, lo-gisch, abstrakt. Wir schließen vom Einzelnen auf das Ganze. Rechts ist es genau umgekehrt. Wir nehmen die Welt in ihrem Ganzen wahr und schließen damit auf das Einzelne. Hier denken wir in Bildern, reagieren intuitiv und mit Gefühl. Die Kapazitäten und Möglichkeiten beider Denkweisen zu nutzen, unsere Hemi-sphären ins Gleichgewicht und in Balance zu bringen, ist das Ziel. Nur so können Kinder beide Seiten „leben" – und jenseits enger

Spezialisierung die Ganzheit der Welt wahrnehmen, entdecken und ausdrücken.

Der folgende Überblick soll die wechselseitige Symmetrie zwischen Gehirnhälften und Körperseiten – unser „Links" und unser „Rechts" – verdeutlichen.

Linke Gehirnhälfte <—>	*rechte Körperseite*
linear	Vernunft
logisch	Konzentration
verbal	Analyse
abstrakt	Bewußtsein
zeitbezogen	Denken
rational	Männlichkeit
sequenziell	Orientierung nach
(aufeinanderfolgend)	außen
realitätsbezogen	Analyse
aktiv	Außenwelt

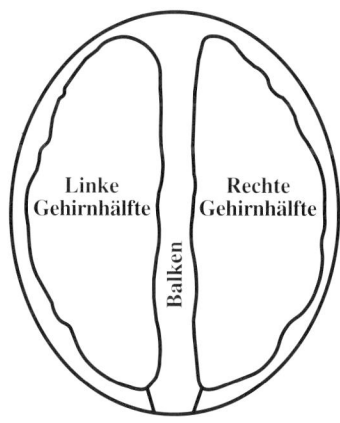

Rechte Gehirnhälfte <—>	*linke Körperseite*
ganzheitlich	Gefühl
intuitiv	Intuition
phantasievoll	Phantasie
kreativ	Körperbewußtsein
emotional	Weiblichkeit
analog	Unbewußtes

zufällig	Innere Welt
ausdrucksvoll	Künstlerischer
visuell	Ausdruck
einfühlend	Kreativität

Es ist der Kinesiologie zu verdanken, daß diese Erkenntnisse aus der Gehirnforschung nicht nur in der Medizin, sondern auch in der Pädagogik praktisch umgesetzt werden können. Kinesiologie heißt wörtlich „Bewegungslehre". Sobald sich Energie in unseren Muskeln bewegt, d. h. fließen kann, sind auch unsere Meridiane (Energiebahnen) mit Energie versorgt. Blockaden, die durch Belastungen und Probleme ausgelöst werden, stören diesen Energiefluß. Sie verhindern damit auch die Balance und Ausgewogenheit zwischen den beiden Gehirnhälften. Sobald jedoch eine Hemisphäre die Zusammenarbeit mit der anderen aufgibt, schlägt sich das im Lernen und Verhalten des Kindes nieder.

Durch Überkreuzbewegungen und -berührungen, die die Mittelachse des Körpers überschreiten, läßt sich über das Nervenbündel (corpus callosum) ein Ausgleich herstellen. Die Aktivität und das Zusammenspiel beider Hälften werden angeregt.

Spielend in die Balance kommen

Kinder greifen oft intuitiv nach Spielen, die sie in die Balance bringen. Durch Drehen, Schaukeln, Balancieren, durch Überkreuzbewegungen bei Klatschspielen oder beim Seilhüpfen versuchen sie beide Seiten in sich zu integrieren und zu aktivieren.

Auch Hand- und Fingerspiele können in diesem Sinne wirken. Nutzen Sie deshalb die Anregungen in diesem Buch so viel „seitig" wie möglich. Und das bedeutet allemal, daß beide Seiten bzw. beide Hände zum Zuge kommen. Die beiden Gehirnhälften spielen also mit, wenn zwei Hände ein Märchen erzählen, mit Bewegungen ein Lied begleiten oder Schatten an der Wand tanzen lassen. Zusätzlich tut es gut, wenn sich dabei die Hände überkreuzen, d. h., wenn z. B. die Täubchen „kreuz und quer" fliegen oder die Sonnenkäferkinder von „hier nach da" krabbeln.

Bei Fingerspielen, die nur mit einer Hand gestaltet werden, tut es gut, wenn der Vers von einer in die andere Hand wandert. Daumendicks Abenteuer fühlen sich manchmal mit der linken Hand gespielt anders an als rechts. Vielleicht geht das alles etwas langsamer, vielleicht ist der Zappelzwerg oder der Hamster Plusteback ein bißchen „linkisch" – macht nichts. Wenn wir uns vorstellen, daß gerade die linke Seite unsere sensible, empfangende, intuitive Körperseite ist, spüren wir möglicherweise auch, daß ein Kitzel- oder Heile-Segen-Vers mit der linken Hand getupft oder gestrichelt eine andere Dimension bekommt. Geben wir dem Kind Zeit genug, solche feinen Unterschiede zu spüren und zu entdecken! Folgende Anregungen aus der Edu-Kinesiologie, die auf der Integration beider Gehirnhälften aufbaut, sind nicht an Verse oder Reime gebunden. Als Handspiele, die beide Seiten im Kind ausbalancieren und harmonisieren, die Körperhaltung verbessern und Spannungen abbauen, gehören sie jedoch in ein Hand-buch, das ein wenig „über den Zaun" schaut.

„Liegende Acht"

Die Arme sind ausgestreckt, die Handflächen berühren sich. Nun „malt" das Kind eine liegende Acht in die Luft. Kinder, die noch keine Vorstellung von einer „Acht" haben, lassen statt dessen in dieser Haltung ein Schiffchen auf dem Wasser schwimmen.

> Mein Schiffchen schaukelt hin und her.
> Es segelt weit ins blaue Meer.
> Schaukle hin, schaukle her,
> schaukle, Schifflein, durch das Meer ...

Malen mit beiden Händen

Wunderbar ausgleichend wirkt das Malen mit beiden Händen. Ob es im Sand geschieht oder auf dem Papier – es stimuliert die Koordination im Gehirn und gleicht aus. Geben Sie dem Kind zwei verschiedene Farbkreiden oder Stifte, dann kann es nachher die „Wege" verfolgen, die seine beiden Hände auf dem Papier zurückgelegt haben. Kleisterfarbe läßt sich besonders gut mit den Fingern auftragen. Sie gleiten schwerelos über das Papier. Dies macht umso mehr Spaß, wenn dazu gesungen oder Musik gehört wird.

Drehen

Welches Kind dreht sich nicht gern! Drehungen sprechen unser Gleichgewichtsorgan an, das sich im Ohr befindet. Konzentration und motorische Entwicklung werden gefördert. Auch hierzu läßt sich ein kleiner Vers sprechen, der vielen Kindern bekannt sein dürfte.

> Teddybär, Teddybär, dreh dich um.
> Teddybär, Teddybär, mach dich krumm.
> Teddybär, Teddybär, heb dein Bein.
> Teddybär, Teddybär, das ist fein!

Überkreuzbewegung

Dieses Spiel macht nicht nur den Kleinen Spaß. Auch Erwachsene entspannen sich dabei und spüren, wie die Energie wieder zu fließen beginnt. Gehen im Stehen ... Das Besondere dabei ist, daß sich gleichzeitig linker Arm und rechter Fuß heben. Dann das linke Bein und der rechte Arm. Falls dies schwerfällt, bekommen die jeweils entgegengesetzten Körperteile bunte Bändchen in der gleichen Farbe. Dazu paßt ein rhythmisch gesprochener Vers:

> Ich bin ein kleiner Pumpernickel,
> bin ein kleiner Bär,
> und wie mich Gott erschaffen hat,
> so zottel ich daher.

Klatschspiel mit Überkreuzbewegungen

Das folgende bekannte Klatschliedchen ist eine Herausforderung für alle, die gerne selbst Spiele erfinden. Statt der bekannten Spielregel kombinieren Sie nur zwei Bewegungen:
– Klatschen   hier treffen sich beide Hände mit denen des Gegenübers.
– Patschen   überkreuz, mal auf die Beine, mal auf die Oberarme.
Wenn Sie langsam singen und dazu spielen, kann sich der Mitspieler spontan auf Ihre Einfälle einstellen. Anschließend Rollenwechsel!

> Aram sam sam, aram sam sam,
> guli guli guli guli.
> Aram sam sam.
> Arafi, arafi,
> guli guli guli guli,
> aram sam sam!

Literaturverzeichnis

Hugo Kükelhaus, Fassen, Fühlen, Bilden. Köln 1975

Maria Montessori, Die Entdeckung des Kindes. Mailand 1950

Jean-Jacques Rousseau, Émile oder über die Erziehung. Stuttgart 1963

Rudolf Seitz, TAST-Spiele. München 1991

Marcella Barth, Zärtliche Eltern. Zürich 1984

Gisela Schmeer, Das sinnliche Kind. Stuttgart 1975

Frederick Leboyer, Sanfte Hände. München 1993

Paul Dennison, Befreite Bahnen. Freiburg 1993

Barbara Meister Vitale, Lernen kann phantastisch sein. Berlin 1988

Donald W. Winnicott, Vom Spiel zur Kreativität. Stuttgart 1973

Ashley Montagu, Körperkontakt. Stuttgart 1974

Franz Wagner, Reflexzonenmassage. München 1994

Baumann / Spitzer / Alzmann, Tasten, Wahrnehmen, Erkennen. Ravensburg 1979

Raimund Pousset, Fingerspiele und andere Kinkerlitzchen. Reinbek 1983

Susanne Stöcklin-Meier, Spielen und Sprechen. Zürich 1982

Hans-Georg Gadamer u.a., Mensch ohne Hand. München 1979

Almuth und Manfred Bartl, Kribbel-Krabbel-Kuschelspiele. Zürich 1996

Des Knaben Wunderhorn. Alte deutsche Lieder, gesammelt von L. Achim von Arnim
    und Clemens Brentano. München 1963

Allerleirauh. Viele schöne Kinderreime, versammelt von Hans Magnus Enzensberger.
    Frankfurt am Main 1962

Elfriede Pausewang, Die Unzertrennlichen. Fingerspiele 1–3. München 1993

Kribbeln, krabbeln, kitzeln – lachen. Krabbelverse wollen Nähe schaffen. Mit Genuß entdecken Kinder dabei ihren eigenen Körper. Voller Spannung verfolgen sie den Krabbelweg von Maus und Floh, von Bär und Frosch. Am Ende all dieser hautnahen Entdeckungsreisen von Kopf bis Fuß steht das gemeinsame Lachen – und der Wunsch »noch einmal«.

Viele Male »noch einmal« bewirken, daß die kitzligen Kinkerlitzchen ganz allmählich nachgesprochen werden. Später verändern sie sich: Es entstehen neue Formen, und festgefügte Rollen werden vertauscht. So verwandeln sich alte Vorbilder in persönliche Spiel- und Sprachgebilde.

Theodor hat 'nen kleinen Mann im Ohr

… kitzlige Kinkerlitzchen

Der Bär, der Bär,
wo kommt er her?
Von Konstanz
kommt er her,
der Bär.
Wo will er hin?
Was sucht er, was?
Dich beißen will er
in die Nas'!

Geht a Männle 's Treppele 'nauf,
da klopft's an,
geht a bißle weiter 'nauf,
da läutet 's an!

Da kommt die Maus,
da kommt die Maus.
Klingelingeling –
ist der Herr zu Haus'?

33

Klitzekleines Zwerglein

Text und Melodie: Karl Foltz

Ganz ein klei - nes Zwer - gerl
kra - xelt auf ein Ber - gerl, rutscht dann froh und
mun - ter 's Ber - gerl wie - der 'run - ter.

Mit dem ersten Ton des Liedes beginnt die Hand am Arm des Kindes hochzuklettern.
Genau beim Schlußton ist sie unten wieder angekommen.

Da hast 'nen Taler,
geh auf den Markt,
kauf dir 'ne Kuh
und ein Kälbchen dazu.
Das Kälbchen hat ein Schwänzchen.
Dideldideldänzchen!

Während des Sprechens in die kleine Hand des Kindes patschen. Bei »Dideldideldänz-chen« wird gekitzelt!

Ich erzähl' dir ein Märchen
vom Dippel-Dappel-Därchen,
von der Dippel-Dappel-Maus,
blas der Katz' das Feuer aus!

Ein Märchen, das in die Hand »geschrieben« wird, fühlt sich besonders schön an. – Am Ende bläst der Erzähler dem kleinen Zuhörer ins Gesicht.

Pitsche patsche Küchelchen,
mir und dir ein Krügelchen,
mir und dir ein Tellerchen,
sind wir zwei Gesellerchen.

Beide Fäuste des Kindes klopfen – und am Schluß in die Handflächen kribbeln und krabbeln.

Kommt eine Maus,
die baut ein Haus.
Kommt ein Mückchen,
baut ein Brückchen.
Kommt ein Floh,
der macht si-sa-so.

Erst krabbelt eine Maus, dann piekst ein Mückchen, – und schließlich hüpft der Floh in großen Sprüngen auf dem Bauch des Kindes herum.

Eins, zwei, drei,
bicke backe, bei,
bicke, backe, Pfannenstiel,
sitzt a Manderl auf der Mühl,
hat a staubigs Hüeterl auf,
mit ana grossn Federn drauf.

Da läuft ein Weglein,

da geht ein Steglein,

da hüpft ein Vöglein,

da springt ein Häslein,

da wächst ein Gräslein,

da steht ein Gläslein.

Auf den Linien der Kinderhand streicht unser Finger entlang, sucht sich Weg und Steg –
und bleibt schließlich mit sanftem Druck in der Mitte stehen.

37

Kommt ein  geflogen

Text: Nortrud Boge-Erli
Melodie: Volkslied

Kommt ein Kä - fer ge - flo - gen, setzt sich

frech auf dei - ne Nas', hat die Flü - gel ein - ge -

zo - gen, denn gleich niest du ihm was!

Theodor, Theodor
hat 'nen kleinen Mann im Ohr.
Ziept ihn hier,
ziept ihn dort,
wenn er kratzt,
ist er fort.
Darum wäscht der Theodor
weder links noch rechts das Ohr.

Roswitha Fröhlich

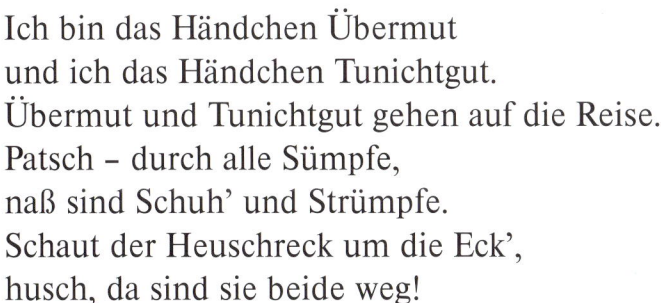

Ich bin das Händchen Übermut
und ich das Händchen Tunichtgut.
Übermut und Tunichtgut gehen auf die Reise.
Patsch – durch alle Sümpfe,
naß sind Schuh' und Strümpfe.
Schaut der Heuschreck um die Eck',
husch, da sind sie beide weg!

Abwechselnd, mal rechts, mal links, patschen wir in die Hände des Kindes. Am Ende des Verses schauen wir hinter den vorgehaltenen Händen »um die Eck'«. – Wo sind nur Übermut und Tunichtgut geblieben?

39

Der Regen fällt,
der Wind tut wehn,
die Katze wollte mausen gehn.
Die Maus, die ist ins Loch geschlüpft
und kommt nicht mehr herausgehüpft.

Volksgut

Dieses Krabbelmärchen läßt sich mit allen zehn Fingern auf die Haut „erzählen". Erst fallen und klopfen die Regentropfen (zart mit den Fingerspitzen trommeln). Dann weht der Wind (blasen). Weiche Katzenpfoten sind zu spüren – und schnelle winzige Mäusefüßchen ... Sie trippeln so lange, bis endlich die Maus ein Loch gefunden hat, wo sie sich versteckt.

Ei wie langsam, ei wie langsam
kommt der Schneck von seinem Fleck.
Sieben lange Tage braucht er
von einem Eck ins andre Eck.

Volksgut

Langsam und sanft schiebt sich die „Schnecke" (Hand) über die Hautoberfläche. Mal hinauf, mal hinunter, mal nach rechts, mal nach links ..., bis sie von einem „Eck" zum anderen gelangt ist.

Schnurre, Katze!

Schnurre, Katze!
Leise Tatze,
kratze, kratze,
kleine Katze.
Mit der Schnauze,
da miaut se.

Volksgut

Ein Katzen-Tatzen-Spiel zu zweit. Schnurren, mit den „Pfoten" streicheln, sanftes Kratzen, Anstupsen mit der „Schnauze" – und zum Schluß ein Miau-Konzert von laut bis leise.

Hummel, brumm herum

Text und Melodie: Dorothée Kreusch-Jacob

Brumm, brumm, brumm, — Hum-mel brummt her-um, —

sucht bei dir, mein klei-ner Schatz, ei-nen Hum-mel-Lan-de-platz.

Refrain

Eins - zwei - drei! Dei-ne Na-se ist noch frei!

Klei - ne Hum - mel, ruh dich aus,

brumm ein Lied im Hum-mel-haus! — sss - sss - sss - sss ...

Brummend fliegt eine Hummel (Hand) um das Kind herum. Sssssss ... landet sie auf der Nase.
Das nächste Mal vielleicht auf dem Ohr, auf dem Knie, auf dem Bauch ... Und wo noch?

Sälzchen, Schmälzchen,
Butterchen, Brötchen,
Kribbelkrabbelkrötchen.

Volksgut

Da kommt die Kribbelkrabbelmaus:
Wo will se hin? Wo will se naus?
Do nei, do nei, do nei!

Ob Ohr oder Nase ..., die Krabbelmaus findet immer ihren Krabbelweg.

41

Kommt ein Tier,
will zu dir,
fragt »Wohnt Fräulein Schulze hier?
Wohnt sie da?
Wohnt sie dort?«
Sag' ich nein,
schert sich's fort.
Doch was seh' ich?
Krappel, krippel!
Sitzt's jetzt nicht am Nasenzippel?
Kriecht gar in das Nasenloch?
Schnell, schnell, schnell,
wir fangen's noch!

Roswitha Fröhlich

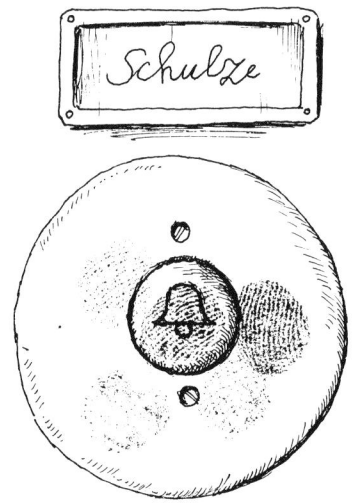

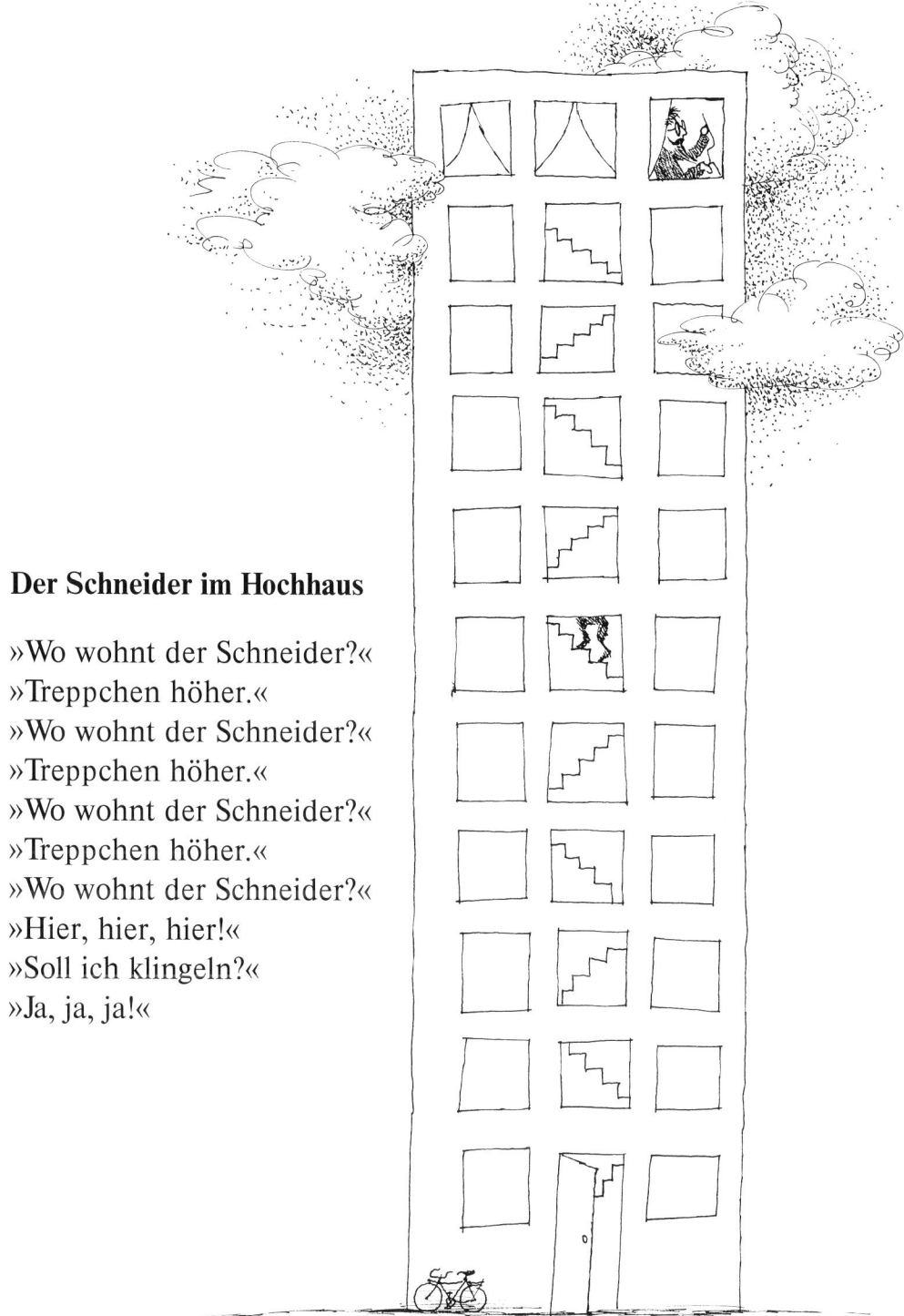

Der Schneider im Hochhaus

»Wo wohnt der Schneider?«
»Treppchen höher.«
»Wo wohnt der Schneider?«
»Treppchen höher.«
»Wo wohnt der Schneider?«
»Treppchen höher.«
»Wo wohnt der Schneider?«
»Hier, hier, hier!«
»Soll ich klingeln?«
»Ja, ja, ja!«

Treppchen für Treppchen muß der Besucher hochsteigen, wenn er zum Schneider will.
Langsam, Schritt für Schritt. Da heißt es, immer wieder fragen, fragen, fragen …
Wie oft noch?
Das hängt ganz davon ab, wie kitzlig unser kleiner Mitspieler ist.

Tanz, tanz, Telemann!
Die Katze hat den Schwanz verbrannt
in der kühlen Kachel,
da muß der Telemann lachen.
Kikeriki!

Volksgut

Die Hände tanzen auf der Haut. Am Schluß des Verses kitzeln sie, wo immer sie eine kitzlige Stelle finden. Kikeriki!

Es war einmal ein Männchen,
das kroch in ein Kännchen.
Dann kroch es wieder raus –
da war die Geschichte aus.

Volksgut

Das „Männchen" (die Hand) krabbelt, bis es ein Versteck findet, ganz gleich ob Hosenbein, Pulloverärmel oder Ringelsocken ... Am Ende des Reims kommt es – kuckuck! – wieder zum Vorschein.

Es war einmal ein Mann,
der hieß Bimbam.
Bimbam hieß er,
und die Trompete blies er.

Volksgut

Auf dem nackten Bein, auf Arm, Rücken, Bauch oder Fußsohle, überall läßt es sich „Trompete" blasen!

Weißt du was?
Wenn's regnet, wird's naß.
Wenn's schneit, wird's weiß, –
du bist ein alter Naseweis!

Volksgut

Von Nase zu Nase. Im Sprachrhythmus des Verses werden die Nasen gerieben. – Zur Abwechslung kann der Vers auch mal mit zugehaltener Nase gesprochen werden.

Es war mal eine Maus,
die lief aus ihrem Haus
und knupperte am Speck,
da kam die Katz und fing sie weg.

Volksgut

Die Maus läuft über die Haut. An einer bestimmten Stelle beginnt sie zu „knuppern" und zu kitzeln. Aber – hastunichtgesehen! – da kommt eine andere Hand und fängt sie.

Husch, Kätzle, husch!
Dreimal um den Busch,
dreimal um das Kieferbüschle,
Kätzle, laß dich nit erwische,
husch, Kätzle, husch!

Volksgut

Die flachen Hände huschen über Arme, Beine, Bauch oder Rücken. Dreimal und noch viel mehr kreisen sie sanft auf der Haut. Diese kleine Massage tut wohl. Sie gibt Wärme und Energie.

Die Ziege lief den Berg hinauf

G
Die Zie - ge lief den Berg hin - auf und
wak-kelt' mit dem Bärt - chen, da sprang ein klei - ner
D7 G
Schnei-der drauf, der meint', es wär' ein Pferd - chen.

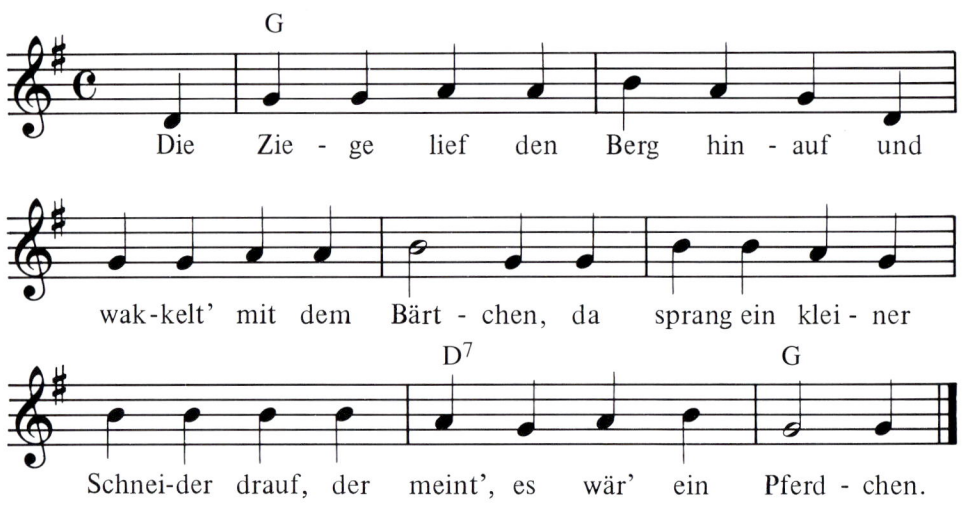

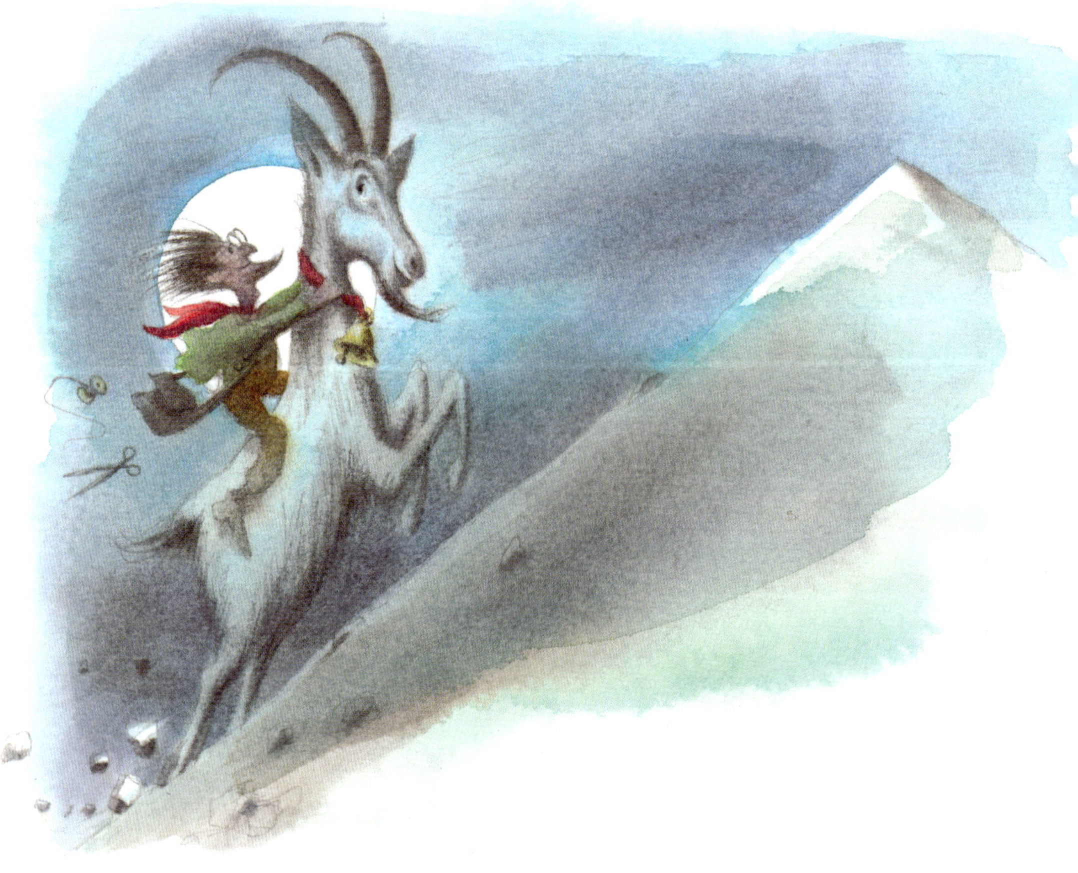

Zwei kleine Hände,
zehn kleine Finger,
kribbel di krabbel,
vom Fuß übers Knie
krabbeln sie
und auch
über den Bauch.
Sie itzeln und pitzeln,
witzeln und kitzeln.
HIIIILFEEEE!!

Nortrud Boge-Erli

Guten Tag, Frau (Herr) Nebenmann,
sieh dir meine Faust mal an:
Da wachsen ja fünf Blätter raus!
Sieht das nicht wie 'ne Blume aus?
Nein, ich glaub', die Dinger
sind ja meine Finger,
mit denen ich dich kitzeln kann.
Guten Tag, Frau (Herr) Nebenmann,
sieh dir …

Knister

So tappt der Bär

Text und Melodie: Dorothée Kreusch-Jacob
(nach einem alten Vers)

C

So tappt der Bär den Berg hin - auf,

G⁷ **C**

so tappt er wie - der run - ter.

So hüpft der Frosch den Berg hinauf, so hüpft er wieder runter.

So kriecht der Schneck den Berg hinauf, so kriecht er wieder runter.

So schleicht die Katz' den Berg hinauf, so schleicht sie wieder runter.

Jede Strophe dieses Liedes fühlt sich auf der Haut anders an, je nachdem, welches Tier da gerade den Berg hinauf tappt, hüpft, kriecht oder schleicht.

48

Es war einmal ein Reiter,
der ritt hinauf eine Leiter.
Die Leiter führte nicht weiter.
Sie stand nur in der Luft herum.
Da schauten Roß und Reiter stumm.
Drauf ritt der Reiter kopfunter
drüben wieder hinunter.

Das ist frühmorgens um zwölf geschehen.
Ich hab's mit eigenen Ohren gesehen.

Josef Guggenmos

Mit ihren Händen er-fassen und be-greifen Kinder die Dinge um sie herum. Aber auch die Hände selbst wollen be-griffen sein. In den folgenden Gedichten werden die Finger des Kindes nacheinander berührt. Dabei bekommen sie alle ihren eigenen Namen. Eigenschaften und Aussehen jedes einzelnen Fingers werden so auf phantasievolle Weise ausgedrückt. Ob Vögel, Gespenster, Riesen, Hexen oder Zwerge ..., oft ist gerade der Kleinste der eigentliche »Held«. Er gibt dem Vers eine überraschende Pointe – oder bringt das Kind zum Lachen und Staunen. Nicht wenige dieser kleinen Er-zählchen verstecken noch eine andere Botschaft: Einer allein vermag nicht viel. Alle gemeinsam erreichen mehr. Auch wenn es nur darum geht, einen Apfel vom Boden aufzuheben.

Da schauen fünf Hexen zum Fenster heraus

… als die Finger Namen kriegten

Ich ging einmal nach Butzlabee,
da kam ich an 'nen großen See,
am Ufer stand ein Mühlenhaus,
da schauten fünf Hexen zum Fenster raus.
Die erste sprach: »Komm, iß mit mir!«
Die zweite rief: »Komm, sprich mit mir!«
Die dritte bat: »Komm, spiel mit mir!«
Die vierte flüstert': »Tanz mit mir!«
Die fünfte nahm den Mühlenstein
und warf ihn mir ans linke Bein.
Da schrie ich laut: »Oh jemineh,
ich komm' nie mehr nach Butzlabee!«

Das ist der Daumen,
der schüttelt die Pflaumen,
der liest sie auf,
der trägt sie nach Haus,
und der Kleine ißt sie alle, alle auf.

Daumen, bück dich,
Zeiger, streck dich,
Großer, reck dich,
Goldner, lupf dich,
Kleiner, duck dich.

Das ist das Kleinchen,
das ist das Beinchen,
das ist der lange Mann,
das ist der Zeigemann,
das ist der dicke Mann,
der so schön nicken kann.

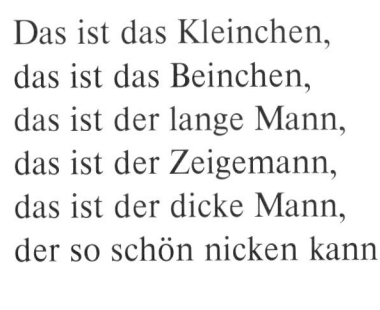

Dubedubedub

F		C	F

Du - be - du - be - dub, ein Mann ist kom - men.
Du - be - du - be - dub, was hat er ’bracht?
Du - be - du - be - dub, ein Korb voll Pflau - men.
Du - be - du - be - dub, was kost’ das Pfund?
Du - be - du - be - dub, das Pfund drei Pfen - nig.
Du - be - du - be - dub, das ist zu viel!

Die Begleitung zu diesem Liedchen ist nicht hörbar, sondern spürbar. Sanft wird mit allen zehn Fingern auf den Rücken des Kindes getrommelt.
Sind mehrere Kinder dabei, sitzen sie hintereinander und spielen ihr „Dubedubedub“ auf dem Rücken des Kindes, das vor ihnen sitzt.

Däumchen
Pfläumchen
Äpfelchen
Birnchen
Nüßchen

Kuckuck
Taube
Rabe
Amsel
Spatz

So er-»zählt« und erfindet das Kind neue Verse: An den Fingern werden Tiere, Blumen, Namen, Spielsachen oder Leibspeisen aufgezählt.

Zehn kleine Zappelmänner

Zehn klei-ne Zap-pel-män-ner zap-peln hin und her.

Zehn klei-nen Zap-pel-män-nern fällt das gar nicht schwer.

Zehn kleine Zappelmänner zappeln auf und nieder.
Zehn kleine Zappelmänner tun das immer wieder.

Zehn kleine Zappelmänner zappeln rings herum.
Zehn kleine Zappelmänner, die sind gar nicht dumm.

Zehn kleine Zappelmänner kriechen ins Versteck.
Zehn kleine Zappelmänner sind auf einmal weg.

Wie flink zehn Finger turnen, zappeln, kriechen können, zeigt sich bei diesem Lied. Mit dem letzten Ton sind alle verschwunden.

Da oben auf dem Berge,
da ist der Teufel los,
da zanken sich fünf Zwerge
um einen dicken Kloß.
Der erste will ihn haben,
der zweite läßt ihn los,
der dritte fällt in 'n Graben,
dem vierten platzt die Hos',
der fünfte schnappt den Kloß
und ißt ihn auf mit Soß'!

Ich kenn' ein großes, buntes Bett,
da schnarchen fünf Riesen um die Wett'.
Der erste träumt vom Krokodil,
der zweite träumt vom Eis am Stiel,
der dritte träumt von 14 Ziegen,
der vierte träumt vom Segelfliegen,
der fünfte zieht die Decke weg,
da wachen alle auf vor Schreck!

Dorothée Kreusch Jacob

Fingertanz

Text: Nortrud Boge-Erli
Melodie: Dorothée Kreusch-Jacob

Dau-men schlüpft zur Hand her-aus: Ich seh' dick und mick-rig aus. Und ich bin auch viel zu klein, möcht' ein gro - ßer Fin - ger sein.

Steigt der Zeigefinger hoch:
»Ich bin schlank und größer noch!«
Mittelfinger stellt sich hin:
»Seht, daß ich der Größte bin!«

Vierter zeigt sein Ringlein her:
»Gibt's einen, der noch schöner wär'?«
Der Kleinste ruft dem Daumen zu:
»Schau her, ich bin so kurz wie du!«

»Woll'n wir spielen? Beug dich weit!«
und schon spielen sie zu zweit,
doch die anderen zu dritt
gucken zu, dann spiel'n sie mit.

Und nun tanzen sie zusamm',
tanzen, wie man tanzen kann.
Und nun tanzen sie zusamm',
tanzen, wie man tanzen kann.

Eins, zwei, drei, vier, fünf
machen sich auf die Strümpf',
springen über Gräben,
manchmal auch daneben,
fallen in die Sümpf',
weg sind alle fünf!

Fünf Finger stehen hier und fragen:
»Wer kann wohl den Apfel tragen?«
Der erste Finger kann es nicht,
der zweite sagt: »Zuviel Gewicht!«
Der dritte kann ihn auch nicht heben,
der vierte schafft das nie im Leben!
Der fünfte Finger aber spricht:
»Ganz allein? – So geht das nicht!«
Gemeinsam heben kurz darauf
fünf Finger diesen Apfel auf.

Knister

In unsrer Straße steht ein Haus,
da duftet's aus fünf Fenstern raus:
im ersten nach Kuchen,
im zweiten nach Zwiebeln,
im dritten nach Fisch,
im vierten nach Braten,
beim fünften –
mußt du selber raten.

Dorothée Kreusch-Jacob

Da läuft ein Weglein,
da springt ein Häslein,
der hat's geschossen,
der hat's gebraten,
der da hat den Tisch gedeckt,
und der kleine Biribinker
hat den Teller ausgeschleckt.

Erst streichen wir den Handlinien des Kindes entlang. Dann werden die einzelnen Finger angetippt.

Hinter fünf Hecken
da spielen fünf Hasen
Verstecken!
Der erste ist weg,
der zweite ist weg,
der dritte ist weg,
der vierte ist weg,
und der Kleinste?
Der muß wieder mal alle suchen!

Dorothée Kreusch-Jacob

Der schlägt die Trommel,
der schüttelt's Glöckchen,
der bläst Trompete,
Der pfeift ein Lied,
und der Kleinste
schreit einen lauten Ton,
da laufen fünf Musikanten davon.

Dorothée Kreusch-Jacob

Der ist ins Wasser g'fallen,
der hat ihn rausgeholt,
der hat ihn ins Bett gelegt,
der hat ihn zugedeckt,
und der kleine Schelm da
hat ihn wieder aufgeweckt.

Wieviel Finger hat die Hand?

Text und Melodie: Dorothée Kreusch-Jacob

Wie - viel Fin - ger hat die Hand?

Wie - viel Körn - chen hat der Sand?

Wie - viel Ze - hen hat dein Fuß?

Wie - viel Tröpf - chen hat der Fluß?

Wieviel Ohren hat die Katz?
Wieviel Härlein hat mein Schatz?
Wieviel Dotter hat ein Ei?
Wieviel Veilchen blühn im Mai?

Wieviel Ecken hat ein Rad?
Wieviel Schnecken der Salat?
Wieviel Zeiger hat die Uhr?
Wieviel Enden hat die Schnur?

Wieviel Beine hat die Maus?
Wieviel Türen hat dein Haus?
Wieviel Ohren hat der Has?
Wieviel Löcher deine Nas?

Wieviel Füße hat der Tisch?
Wieviel Schuppen hat der Fisch?
Wieviel Zähne hat mein Kind?
Guck mal nach und zähl geschwind!

Ein musikalisches Ratespiel für zwei Hände und zehn Finger. Damit auch kleinere Kinder genügend Zeit haben zum Überlegen, nützen wir die Pausen im Lied, die nach jedem Fragezeichen stehen. Zeit zum Nachdenken. Zeit zum Zeigen. Zeit zum Zählen...

Bärenreise

Fünf kleine Bären wolln auf die Reise gehn,
wolln nicht nur grüne Bäume, wolln die Welt mal sehn.
Der erste brummt: ich geh zu Fuß!
Der zweite brummt: ich nehm den Bus!
Der dritte brummt: ich flieg übers Meer!
Der vierte brummt: ich schwimm hinterher!
Der fünfte und kleinste, dem wird's zu dumm.
Er winkt mit der Pfote – und kehrt wieder um.

Dorothée Kreusch-Jacob

Fünf Pechvögel

Fünf Pechvögel hocken auf einem Baum
und träumen einen Pechvogeltraum.
Dem ersten tut der Schnabel weh,
den zweiten zwickt's am großen Zeh,
den dritten hat ein Zeck gestochen,
den vierten friert's an alle Knochen.
Der fünfte – wacht auf und purzelt vom Baum.
Da ist er vorbei, der Pechvogeltraum.

Dorothée Kreusch-Jacob

Fünf Gespenster
hocken vor dem Fenster.
Das erste schreit: »Haaaaaaa!«
Das zweite heult: »Hoooooooo!«
Das dritte brummt: »Huuuuuuuu!«
Das vierte lacht: »Hiiiiiiiii!«
Das fünfte schwebt zu dir herein
und flüstert: »Woll'n wir Freunde sein?«

Dorothée Kreusch-Jacob

Fünf Finger wärmen sich

Fünf Finger sitzen dicht an dicht.
Sie wärmen sich und frieren nicht.
Der erste sagt: »Auf Wiedersehn!«
Der zweite sagt: »Ich will jetzt gehn!«
Der dritte hält's auch nicht mehr aus.
Der vierte geht zur Tür hinaus.
Der fünfte ruft: »He ihr, ich frier'!«
Da wärmen ihn die andern vier.

Knister

Das Nest

Schau, oben auf dem Birnenbaum
ist ein Nest, du siehst es kaum!
Fünf Eier, buntgetupft und rund,
zwei Amseln brüten Stund um Stund.
Schlüpfen bald fünf Junge aus
und piepsen aus dem Nest heraus:
„Piep, piep, piep, piep, piep –
ihr Amseleltern seid uns lieb!"

Dorothée Kreusch-Jacob nach Friedrich Fröbel

Der aufgestützte Arm stellt den Birnbaum dar, die gerundete Hand das Nest. Die Fingerkuppen der Kinderhand werden durch die Finger der großen Hand gesteckt und bilden die „Eier". Sobald die kleinen Vögel ausgeschlüpft sind, gucken sie über den Rand des Nestes und singen ihr Lied. „Piep!"

Fünf Wassermänner

Fünf kleine Wassermänner
wohnen tief im See,
huschen durch den Seegraswald,
schwimmen in die Höh.
Der erste verkriecht sich im Muschelhaus,
der zweite guckt unterm Stein heraus,
der dritte setzt sich aufs Seerosenblatt,
der vierte taucht zu den Fischen hinab,
der fünfte kitzelt dich kühl am Bauch.
Er lacht dich an –
und du lachst auch!

Dorothée Kreusch-Jacob

Zehn kleine Winzelzirzel

Text und Melodie: Dorothée Kreusch-Jacob

Zehn klei-ne Win-zel-zir-zel bau-en sich ein Haus,
schlep-pen Stei - ne win - zig klein, he - ben Er - de aus.

Zehn kleine Winzelzirzel
pinseln Haus und Wände,
zirzeln alles winzigbunt,
klecksen ohne Ende.

Zehn kleine Winzelzirzel
schaun zum Fenster raus,
freun sich winzelzirzelig
übers Winzelhaus.

Zehn kleine Winzelzirzel
suchen sich ein Nest,
kringeln sich ganz winzigklein,
schlafen tief und fest.

Der ist in den Busch gegangen,
Der hat's Häschen gefangen,
der hat's heimgebracht,
Der hat's gebraten,
und der Kleinste – hat's verraten!

Volksgut

73

Berührungen sprechen ihre eigene Sprache. Streicheln und Trösten brauchen nicht viele Worte. Deshalb sind die folgenden Reime und Verse meist kurz. Um so mehr Zeit brauchen sie, wenn sie ihren Zauber entfalten sollen. Zeit für den kleinen und großen Kummer. Murmelverse und Flüsterliedchen erlebt das Kind mit allen Sinnen. Und das bedeutet: Wärme spüren, auf der Haut des anderen »spazierengehen«, ihren Duft einatmen, dem Klang der vertrauten Stimme lauschen, Lachfältchen zählen, und, und, und ...

Denkt euch nur,
der Frosch ist krank!

… vom Streicheln und Trösten

’s wird gut!

Text und Melodie: Dorothée Kreusch-Jacob

’s wird gut, sagt die Hand und strei-chelt dich sacht.

’s wird gut, pfeift die Am-sel, schlaf gut heu-te Nacht.

’s wird gut, sagt der Igel,
komm, kuschel dich ein.
’s wird gut, summt der Mondmann
und schickt seinen Schein.

’s wird gut, krächzt der Rabe
verschlafen im Traum.
’s wird gut, rauscht der Wind
im Kastanienbaum.

’s wird gut, brummt dein Bär
und rutscht näher zu dir.
Bald bist du gesund
und dann spielst du mit mir!

Steig auf das Bergle,
fall aber nit herab,
o herzig liebs Schätzle,
brich’s Füßle nit ab!

Volksgut

Hör doch auf zu weinen,
die Sonn wird wieder scheinen,
die Glocken werden klingen,
die Vöglein werden singen,
der Kuckuck wird schrein:
's wird wieder schön sein.

Volksgut

Vögel, die nicht singen,
Glocken, die nicht klingen,
Pferde, die nicht springen,
Pistolen, die nicht krachen,
Kinder, die nicht lachen,
was sind das für Sachen?

Volksgut

Der Müller tut mahlen,
das Rädle geht rum,
mein Kind ist verzürnet,
weiß selbst nicht, warum.

Volksgut

Hans im Schnakenloch hat alles, was er will.
Doch was er hat, das will er nicht,
und was er will, das hat er nicht.
Hans im Schnakenloch hat alles, was er will.

Volksgut

Du

Ich geh in deinem Gesicht spazieren.
Alles ist vertraut:
dein Mund,
deine Nase.
Ich fühle
die weiche Haut
und muß halten
bei den lachenden Augen.
Ich zähle die kleinen Falten.
Kuschle mich
in deinen Arm,
fühl' mich geborgen.
Du bist so warm.

Regina Schwarz

Hab' ein Vöglein gefunden
im Federbett, im Federbett.
Hab's in Arm mir genommen.
Hab's lieb gehätt, hab's lieb gehätt,
Vöglein im Federbett.

Bist so krank
wie eine alte Bank,
bist so krank
als wie ein Huhn,
magst gern essen
und nichts tun.

Volksgut

Krah, krah, kalter Schnee,
dem Raben tut sein Beinchen weh,
dem Has im Feld sein Herz.
In dunkler Zeit, in kalter Zeit,
erwarten sie den März,
der Sonne bringt und Fröhlichkeit –
vergessen ist der Schmerz!

Volksgut

Damit du ruhig schlafst,
sing ich dir vom kleinen Schaf,
sing ich dir vom Watschelgänschen
mit dem Wickelwackelschwänzchen.

Volksgut

Ich schenk dir was!
Was ist denn das?
Ein silbernes Warteinweilchen
und ein goldenes Nixchen
in einem niemalenen Büchschen.

Volksgut

Ich möchte diese Birke sein
Die du so liebst:
Hundert Arme hätt ich um dich zu schützen
Hundert grüne und sanfte Hände
Um dich zu streicheln!
Ich hätte die besten Vögel der Welt
Um dich bei Tagesanbruch zu wecken
Und am Abend zu trösten
In den Stunden des Sommers könnt ich dich
Unter Blumenblättern aus Sonne verschütten
In meinem Schatten hüllte ich zur Nacht
Deine ängstlichen Träume …
Ich wollte ich wäre diese Birke
Zu deren Fuß sie dein Grab höhlen werden
Und die mit ihren Wurzeln
Dich noch umklammern wird.

Yvan Goll

Miesemause, miese,
wovon bist du so griese?
Ich bin so griese,
bin so grau,
ich bin das Mäuschen
Griesegrau

Volksgut

Pelzchappemüeterli, mach mer Tee,
alli mini Rüppeli tüe mer weh,
tue mer es bitzli Zucker dri,
morn wird's wieder besser si.

Volksgut

Kleines Kinnchen

Klei - nes Kinn - chen, ro - te Lipp - chen,
stump - fes Näs - chen, Au - gen - bräu - chen,

zupf, zipf, mein Här - chen!

Während dieses Streichelliedchen gesungen wird, berühren wir Kinn, Lippen, Nase, Augenbrauen und Haare des Kindes.

Mein herziger Schatz
hat ein Härlein wie Flachs,
hat ein Härlein wie Seiden,
drum mag ich's wohl leiden.

Deine, meine Entchen
laufen jetzt zum See.
Gibst du mir das Händchen?
Tut dir auch nichts weh?

Elisabeth Borchers

Viel Gutes wünsch' ich Tag und Nacht,
auch wenn die Sterne scheinen.
Ein Feuer, das im Ofen kracht.
Hör, bitte, auf zu weinen.

Elisabeth Borchers

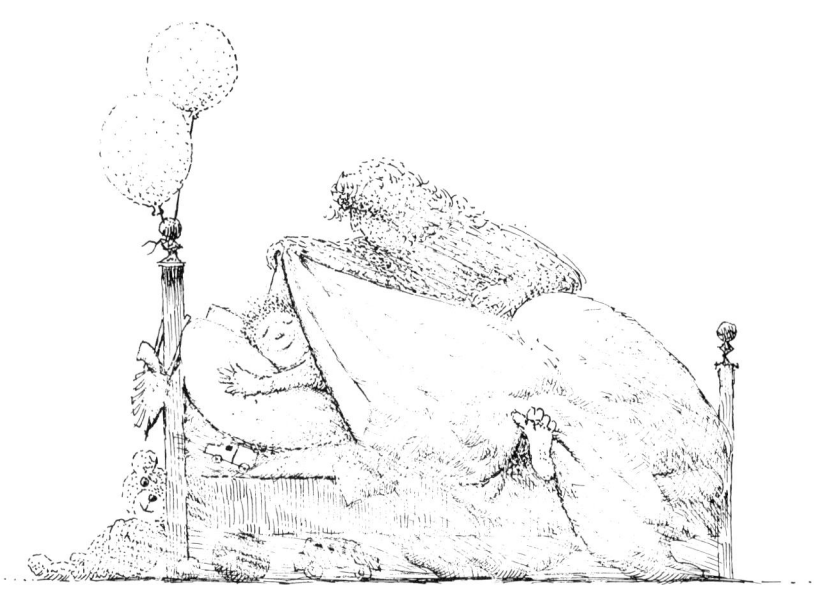

Strubelimutz, mein Kind ist krank.
Strubelimutz, was fehlt ihm denn?
Strubelimutz, ein Schöpplein Wein.
Strubelimutz, das kann nicht sein.
Strubelimutz, zum Doktor lauf!
Strubelimutz, jetzt steht es auf!

Trostlied von den Sternen

Bist hingefallen? Hat's wehgetan?
Und mußt du jetzt gleich weinen?
Komm her zu mir, denk nicht mehr dran,
erzähl' dir was
vom kleinen Bär,
vom großen Bär,
von mitten in der Nacht:
Im Sternkleid tanzt der große Bär,
im Sternkleid tanzt der kleine Bär
den Himmel lang
und lacht.

Nortrud Boge-Erli

Heile, heile, heile!

Hei - le, hei - le, hei - le! Das Kätz - chen lief den
Berg hin - auf, und als es wie - der
run - ter kam, war al - les wie - der gut.

G

D⁷   G

Heile, heile Segen!
Drei Tage Regen,
drei Tage Sonnenschein,
dann wird's wieder besser sein.

Heile, heile Kätzchen!
's Kätzchen hat vier Tätzchen
und einen langen Schwanz:
Morgen ist alles wieder ganz.

Heile, Fingerchen, heile,
es dauert noch eine Weile,
es dauert noch bis Rosmarein,
dann ist wieder Sonnenschein.

Denkt euch nur, der Frosch ist krank!
Liegt nur auf der Ofenbank,
quakt nicht mehr, wer weiß wie lang,
ach, wie fehlt mir sein Gesang.
Denkt euch nur, der Frosch ist krank.

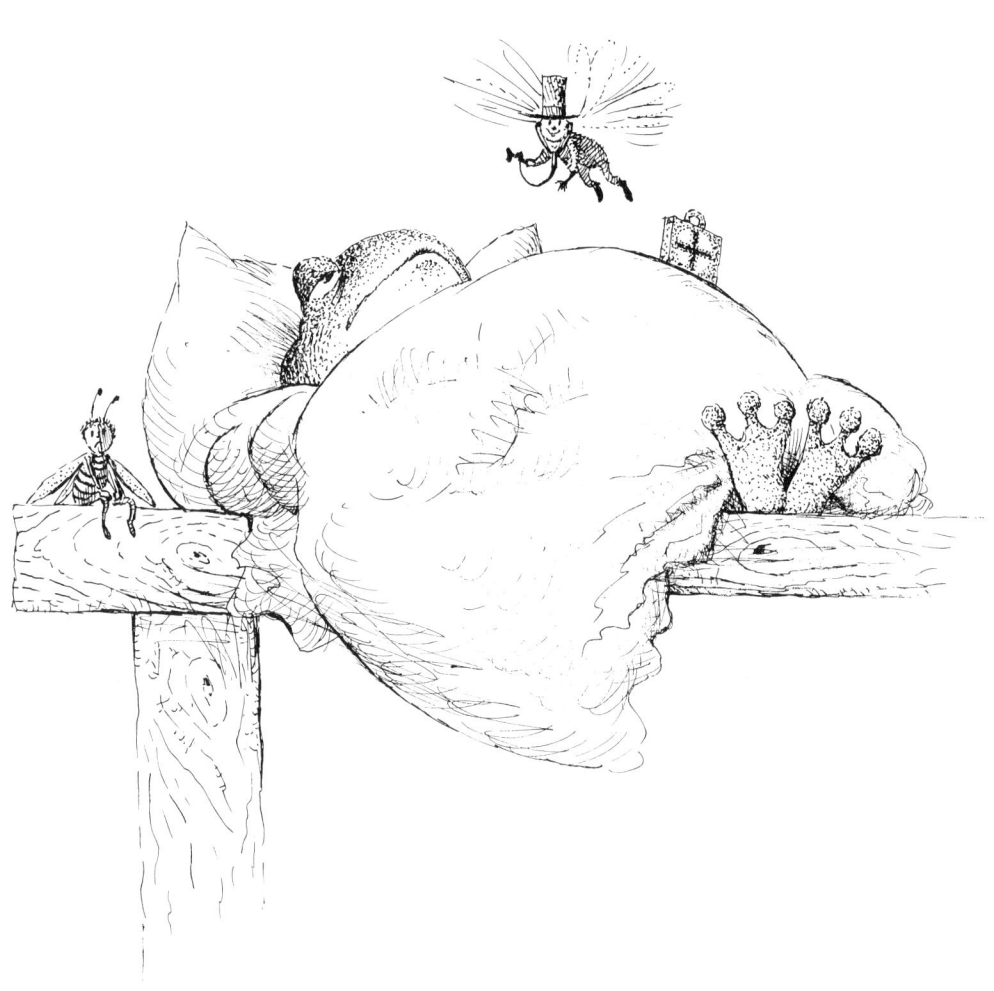

Wo tut's weh?

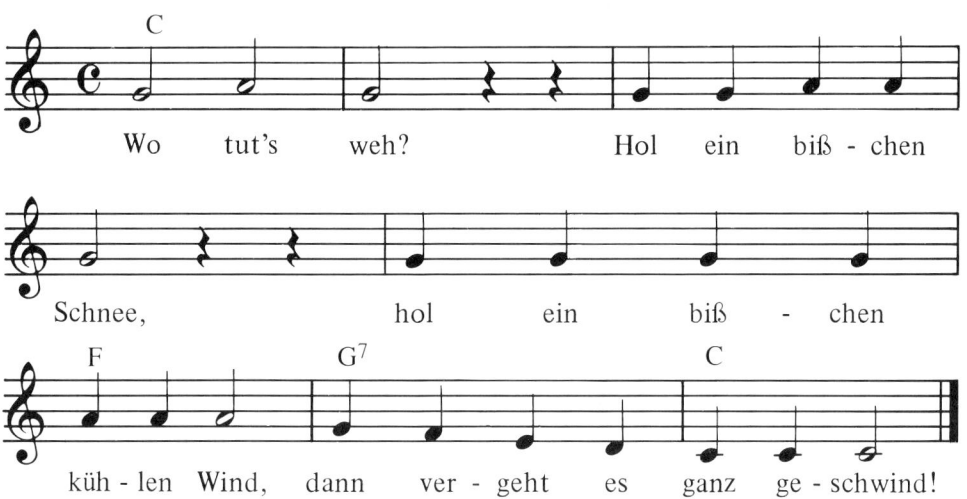

Wo tut's weh? Hol ein biß - chen Schnee, hol ein biß - chen küh - len Wind, dann ver - geht es ganz ge - schwind!

Wo tut's weh?
Trink ein Schlückchen Tee,
iß ein Löffel Haferbrei,
morgen ist es längst vorbei!

Bim bam! Die Katz' ist krank!

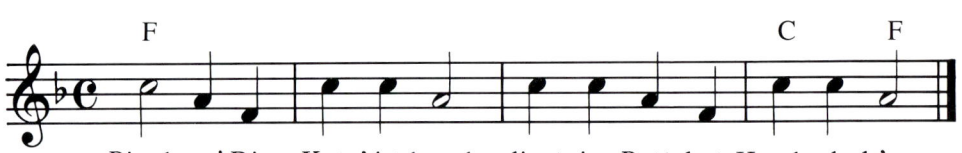

Bim bam! Die Katz' ist krank, liegt im Bett, hat Hand-schuh' an.

Was?
Die Katz ist dei Bas,
der Hund ist dein Vetter,
und bald ist schön's Wetter!

Ich schenke dir ein Kätzchen
mit einem feinen Lätzchen.
Von Samt sind seine Tätzchen,
von Seide ist der Pelz.
Ich hoffe, dir gefällt's.

Elisabeth Borchers

Das Lämmchen

Mäh, Lämm-chen, mäh. Das Lämm-chen lief im Klee.
Da stieß es an ein Stein - chen, da tat ihm weh sein
Bein - chen. Da schrie das Lämm - chen „mäh".

Mäh, Lämmchen, mäh.
Das Lämmchen lief im Klee.
Da stieß es an ein Sträuchlein,
da tat ihm weh sein Bäuchlein.
Da schrie das Lämmchen »mäh«.

Mäh, Lämmchen, mäh.
Das Lämmchen lief im Klee.
Da stieß es an ein Stöckchen,
da tat ihm weh sein Köpfchen.
Da schrie das Lämmchen »mäh«.

Die Träne

Ich weine eine Träne
und feucht
und leicht
und warm
mit einem kleinen Sehnen
berührt sie deinen Arm.

Wolfgang Rudelius

Handmärchen sind gereimte Geschichten, die mit Fingern und Händen erzählt wer-
den. Spielerische Bewegungen begleiten den Hasen auf seinen Abenteuern, das
Männlein auf der Brücke oder den Spaziergang der Sonnenkäferfamilie. Geschickt
versuchen einzelne Finger Kuckucksuhr und Taubenpaar darzustellen, ein Hand-
schiffchen oder ein Fingerhaus zu bauen.
Die folgenden Handmärchen sind kurz und bildhaft, oft von uralter Einfachheit.
Angeregt durch Handbewegungen, getragen vom Versrhythmus, prägen sich dem
Kind zunächst erste Sprachmuster ein. Später wird es sich das eine oder andere
Gedicht ganz merken können. Und wo es nicht weiterweiß, „sprechen“ die Hände
mit.
Wer Handmärchen spannend und ausdrucksvoll vortragen kann, wird nicht nur
Zuhörer, sondern bald auch Mitspieler vor sich haben.

Geht ein Männlein über die Brücken

... mit Händen was erzählen

Kleine Fingergeschichte

Fünf kleine Fingerleute
sitzen am Fenster,
gucken zu den Wolken:
»Gibt's Regen?«
Horch, es tröpfelt,
horch, es regnet,
horch, es gießt schon!
Es blitzt!
Es donnert!
Fünf kleine Fingerleute
rennen schnell nach Haus'.

Dorothée Kreusch-Jacob

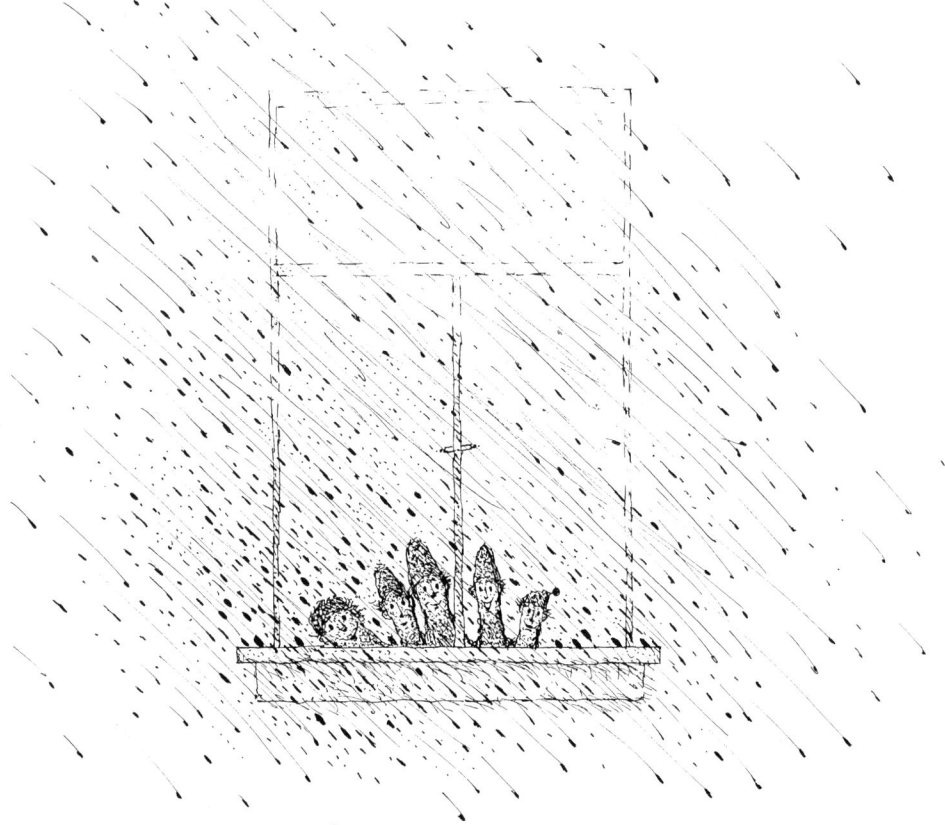

Ein Trommelspiel nicht nur für graue Tage. Es kann auf der Fensterbank, auf einem Pappkarton oder auch auf einer richtigen Trommel gespielt werden.

Was ist's?

Ich weiß ein Ding,
heißt Pieperling,
kann gehn und drehn,
kann auf dem Kopf nach Hause gehn.

Ein Finger. Er läuft über den Tisch.

Zirlemirle, dunkedirle,
zirlemirle
weg!
Zirlemirle, Gartentürle,
zirlemirle
weg!

Zirlemirle . . . klingt das nicht wie etwas, das läuft und läuft? – Beide Hände sind gefaltet. Zirlemirle . . . nur die Daumen bewegen sich. Sie laufen und drehen sich umeinander. Dann bilden sie ein kleines »Gartentürle«. Zirlemirle . . . wohin laufen sie? Jedesmal, wenn das Wort »weg« erklingt, klappen die Hände zu und die Daumen sind darin verschwunden.

Zwei kleine Krabbelhände

Text: Nortrud Boge-Erli
Melodie: Dorothée Kreusch-Jacob

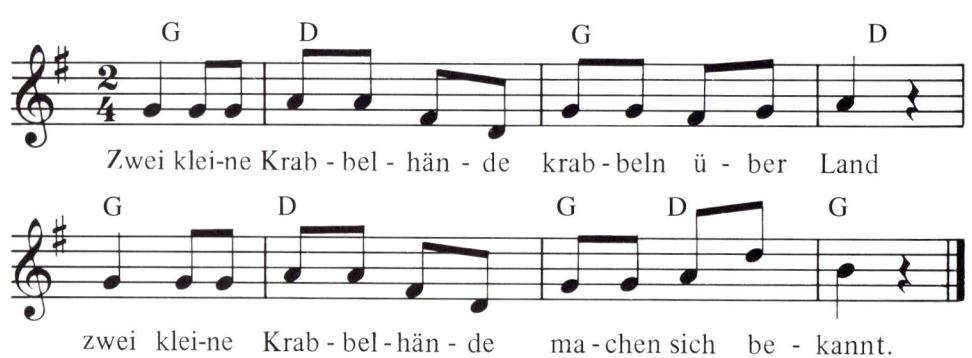

Zwei klei-ne Krab - bel - hän - de krab - beln ü - ber Land
zwei klei-ne Krab - bel -hän - de ma -chen sich be - kannt.

Zwei kleine Krabbelhände denken sich was aus.
Zwei kleine Krabbelhände bau'n ein Fingerhaus.

Das ist der Anton Daumendick,
du kennst ihn auf den ersten Blick.
Und mache ich ein Fäustchen,
schlüpft Anton schnell ins Häuschen.
Dort legt er sich ins kleine Bett.
Komm, guck hinein – ist er nicht nett?

Dorothée Kreusch-Jacob
(nach einem alten Vers)

Ganz nahe muß das Kind mit seinem Auge herankommen, um den kleinen Anton im Hand-Haus zu entdecken. Wer hätte gedacht, daß der soooo laut schnarchen kann!

Mein Häuschen ist nicht ganz g'rade,
ist das aber schade!
Mein Häuschen ist krumm,
ist das aber dumm!
Hui, da bläst der Wind hinein,
bums, da fällt das Häuschen ein.

Ein schiefes Fingerhaus hält leider nicht viel aus. Kaum wird zu Tür und Fenstern hinein-geblasen, knickt es ein. Bums . . . mit einem lauten Händeklatschen ist der Vers zu Ende – und das Häuschen gibt's nicht mehr.

Kuckuck!

Guck, da guckt ein Kuckuck raus,
guckt aus seinem Uhrenhaus,
guckt und ruft die Stunden aus!
Sag mir, Kuckuck,
wieviel Uhr
ist es auf der Kuckucksuhr?

»Kuckuck . . .«

Dorothée Kreusch-Jacob

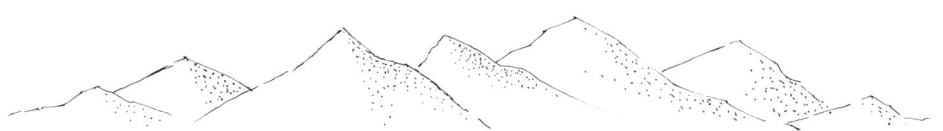

*Und so wird die Kuckucksuhr »gebaut«: Beide Hände ineinanderfalten. Der Daumen spielt
den Kuckuck. Er guckt zwischen den Fingern heraus, ruft sein »Kuckuck« – und verschwin-
det wieder.*

Steigt ein Büblein auf den Baum

Steigt ein Büb-lein auf den Baum, ei, wie hoch, man sieht es kaum! Hüpft von Ast zu Äst-chen, schlüpft zum Vo-gel-nest-chen. Ui, da lacht es! Bums, da kracht es! Plumps, da liegt es un-ten!

Die Finger klettern den »Baum« (Arm) hoch, hüpfen dort von Ast zu Ast, schlüpfen dann ins »Nest« (mit den Händen ein Nest bilden). Bei »Ui – da lacht es« wird geklatscht. Bei »Bums – da kracht es« wird auf die Schenkel gepatscht. Bei »Plumps« liegen alle Spieler am Boden.

Das Taubenhaus

Klopfe, klopfe, Hämmerlein,
steig hinauf ins Kämmerlein,
steig hinauf ins Taubenhaus,
flattern alle Tauben raus.

Die Hände werden zu Fäusten geballt und abwechselnd aufeinandergesetzt. So klettern sie von den Füßen bis zum Kopf hoch »ins Taubenhaus«. Von dort fliegen die Hände als Tauben in alle Richtungen davon.

Es sitzen zwei Täubchen auf einem Dach.
Das eine fliegt weg,
das andre fliegt weg,
das eine kommt wieder,
das andre kommt wieder,
da sitzen sie alle beide wieder.

Auf dem Kopf sitzen zwei Täubchen, die beiden Hände. Sie flattern und gurren. Erst flie-
gen sie weg, dann kommen sie wieder.

Zwei Zaunkönige

Zwei Zaunkönige sitzen auf dem Zaun
und blinzeln hoch zum Apfelbaum.
Der eine hüpft weg ...
der andere hüpft weg ...
Sie flattern hin und flattern her,
sie flattern beide kreuz und quer,
sie fliegen hoch und fliegen nieder.
Jetzt sind sie fort – da sind sie wieder!
Zwei Zaunkönige sitzen auf dem Baum
und blinzeln hoch zum Apfelbaum.

Dorothée Kreusch-Jacob

Beide Arme sind auf dem Tisch aufgestellt. Auf diesen „Zaunpfosten" hocken die beiden Zaun-
könige (Daumen und Zeigefinger bilden den Schnabel, der sich öffnet und schließt). Sie
schauen nach oben, hüpfen zu den beiden Seiten, flattern und fliegen – bis sie endlich wieder
auf dem Zaunpfosten sitzen und nach oben blinzeln.

Der Pflaumenbaum

Kommt ein kleiner Mann daher,
kommt zum Pflaumenbäumchen.
Schaut hinauf und freut sich sehr –
sieht die vielen Pfläumchen.
Und er schüttelt, schwapp – schwapp – schwapp
fallen alle Pflaumen ab.
Männchen liest sie in den Sack,
trägt nach Haus sie huckepack.

Elfriede Pausewang

Der linke Unterarm bildet den Pflaumenbaum, die gespreizten Finger sind die Äste. Von rechts
kommt das Männchen (Zeigefinger) auf das Bäumchen zu. Es guckt hinauf und schüttelt es.
Schließlich geht es schwerbeladen mit dem Sack auf dem Rücken davon (die Faust der linken
Hand hält sich am Zeigefinger der rechten).

Schmiroschmatzki

Auf dem Kirschbaum
Schmiroschmatzki
saß ein Spatz mit seinem Schatzki,
spuckt die Kerne klipokleini
auf die Wäsche an der Leini.
Schrie die Bäurin Bulowatzki:
Fort, ihr Tiroteufelsbratzki!
Schrie der Bauer Wirowenski:
Wo sind meine Kirschokenski?
Fladarupfki! Halsumdratski!
Hol der Henker alle Spatzki!

Friedrich Hoffmann

Wer über die sprachspielerischen Worte in diesem Gedicht stolpert, kann es mit Hilfe der Hände erzählen.
Der Kirschbaum wird durch die aufgestützten Arme dargestellt. Eng aneinandergeschmiegt, bilden sie den Stamm. Hände und Finger stellen Äste und Blätter dar.
Spatz und Schatzki picken mit ihren Schnäbeln (Daumen und Zeigefinger) die Kirschen.
Die Kirschkerne werden durch Schnipsen mit den Fingerspitzen „gespuckt".
Wenn Bauer und Bäuerin schimpfen, klingt es am lautesten, wenn wir uns die zu einem Rohr geformten Hände vor den Mund halten.
Die Spatzen werden durch Handbewegungen und lautes Klatschen verscheucht.
Schließlich fliegen die beiden Spatzen flügelschlagend (Armbewegungen) davon!

Es regnet

Es regnet, es regnet,
es regnet seinen Lauf.
Ich werd nicht naß, ich spanne
mein Regenschirmchen auf.

Elfriede Pausewang

Die Fingerspitzen beider Hände lassen es „regnen" (von oben nach unten führen). Wie gut, daß wir unseren Hand-Regen-Schirm aufspannen können: einen Zeigefinger aufstellen, die andere Hand gekrümmt darüberlegen.

Schnick und Schnack

Zwei Zappelmänner aus dem Sack!
Der eine heißt Schnick,
der andere heißt Schnack.
Schnick hat 'ne Mütze,
und Schnack hat 'nen Hut,
und alle beide vertragen sich gut.

Schnick und Schnack, die beiden Daumen, schauen aus der Faust heraus. Sie zappeln hin und her, zeigen stolz ihre »Mütze« und ihren »Hut«. Schließlich umarmen sich beide.

Geht ein Männlein über die Brücken,
trägt einen schweren Sack auf dem Rücken.
stößt an den Pfosten,
der Pfosten kracht,
das Männlein lacht.
Plumps! –
da liegt es in dem Bach!

*Dieses Spiel läßt sich gut zu zweit spielen. Das Kind stellt mit seinen Händen die Brücke
dar, auf der ein einzelner Finger wie ein Pfosten hochragt. Der Erwachsene spielt das
Männlein (Daumen), das den schweren Sack (Faust) auf dem Rücken trägt. Bei »Plumps«
kracht die Brücke ein – und die Rollen werden getauscht.*

Das fliegende Irmchen

Steigt das Irmchen
mit nem Schirmchen
auf ein Türmchen,
das da stand.

Kommt ein Stürmchen,
packt das Irmchen
mit dem Schirmchen
in der Hand.

Fliegt das Irmchen
mit dem Schirmchen
weg vom Türmchen
übers Land.

Landet 's Irmchen
mit dem Schirmchen
wie ein Würmchen
heil im Sand.

Elfriede Pausewang

1. *Die linke Faust ist das Irmchen. Der linke Daumen wird hochgestellt, darüber legt sich, als Schirmchen, die flache rechte Hand. So steigen die Hände Stufe für Stufe aufs Türmchen.*
2. *Plötzlich trägt sie das Stürmchen mit einem Ruck nach oben fort.*
3. *In großem Bogen segelt Irmchen am Schirmchen nach unten.*
4. *Sanft landet Irmchen auf dem Tisch oder Schoß. Die Hände legen sich flach übereinander.*

Katze und Spatz

Geflogen kommt ein Spatz.
Geschlichen kommt die Katz.
Schon hebt sie an zum Springen,
will 's Spätzlein gleich verschlingen.
Da ist in hohem Bogen
der Spatz davongeflogen.
Er setzt sich auf das Haus
und lacht die Katze aus.

Elfriede Pausewang

Der »Spatz« (rechte Hand) kommt geflogen und hockt sich auf den Tisch. Daumen und Zeigefinger bilden den Schnabel, der sich öffnet und schließt.
Von der anderen Seite kommt die »Katze« (linke Hand) geschlichen. Schon will sie springen – da fliegt der Spatz aufs Dach (Kopf). Dort sitzt er nun und lacht zwitschernd die Katze aus!

Eins, zwei, drei,
wiggel, waggel, wei,
wiggel, waggel, wuggelein,
wieviel Punkte müssen's sein?

Volksgut

Ein Finger wird in Farbe getunkt, und Punkt für Punkt kann im Sprechrhythmus des Verses aufs Papier getupft werden. Anschließend bekommt jeder Tupfen vier Beine und ein paar schwarze Punkte. – Jetzt sieht man viele Marienkäfer übers Papier laufen! Wer erzählt die Geschichte dazu?

Das Zelt

Komm, wir bauen uns ein Zelt!
Sitzen warm, wenn Regen fällt,
du und ich, ganz eng vereint,
warten, bis die Sonne scheint.

Elfriede Pausewang

Beide Hände bilden ein Zelt. Damit es von hinten geschlossen ist, legen sich die beiden kleinen Finger parallel aneinander. Beide Daumen „liegen" im Zelt. Nacheinander schauen sie einzeln heraus („du" und „ich"), bevor sie sich wieder eng aneinanderkuscheln. Am Schluß des Verses erscheint die Sonne (rechte Hand mit gespreizten Fingern hochhalten).

Da ist ein Mäuschen,
da ist sein Häuschen.
Lauf, kleine Maus,
lauf schnell in dein Haus!

Elfriede Pauswang

Flink rennt das Mäuschen (Finger der rechten Hand) über den Tisch oder den Bauch. Da erblickt sie das „Häuschen" (die hohle linke Hand), und – schwupp! – ist es dort hineingeschlüpft.

Mein Schifflein

Mein Schifflein schaukelt hin und her.
Es segelt weit ins blaue Meer.
Schaukle hin, schaukle her,
schaukle, Schifflein, durch das Meer.

Die beiden Hände sind mein Kahn,
die Luft die blaue See.
Da legt mein kleines Schiffchen an.
Ich steig hinein, ade!

Beide Hände bilden ein Schifflein, das auf den Wellen auf- und abschaukelt.

Dankeschön, Herr Wind!

Zwei Daumen dick und klein
steigen in ein Schiffchen rein.
Schiffchen fährt hinaus aufs Meer,
beide Daumen freun sich sehr.
Kommt der wilde Wind daher,
bläst sie raus aufs weite Meer.
Den Daumen wird ganz bang zumut':
»Ach, lieber Wind, sei doch so gut
und stell das wilde Blasen ein,
wir fürchten uns so ganz allein!«
Da bläst der wilde Wind nicht mehr
und schickt den Sonnenschein aufs Meer.
Die Daumen segeln heim geschwind
und rufen: »Dankeschön, Herr Wind!«

*Ein Hand-Schiffchen mit zwei Seefahrern (Daumen) schaukelt aufs Meer hinaus. Da
kommt der wilde Wind (blasen). Die Wellen werden immer höher, fast kippt das Schiffchen um ..., aber alles ist noch einmal gut gegangen. Dankeschön, Herr Wind!*

Krokodil schwamm im Nil

Text: Janosch
Melodie: Dorothée Kreusch-Jacob

Kro - ko - dil schwamm im Nil, kam ein Mann,

hielt es an, macht es kreck, war er weg.

gesprochen:

Faul döst das große Krokodil (Hand eines Erwachsenen) vor sich hin und läßt sich vom Wasser auf- und abschaukeln. Da kommt ein kleiner Mann (Kinderhand) und hastdunichtgesehen . . . Ach, hätte er nur besser aufgepaßt!
Beim zweiten Durchsingen des Liedes werden die Rollen vertauscht.

Das Stachelschwein

Es war einmal ein Stachelschwein,
das zog die ganzen Stacheln ein,
sprach auch: Ihr sollt es wissen,
ich bin ab heut ein Kissen!

Nortrud Boge-Erli

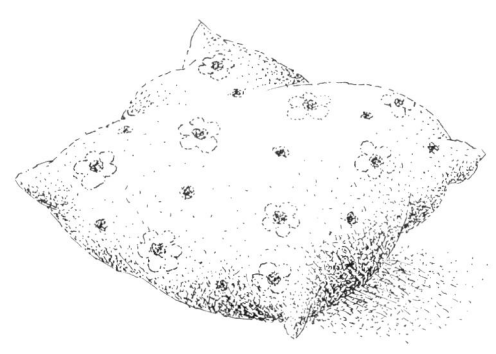

Wie Stacheln stehen die Finger von den gefalteten Händen ab. Die gestreckten Daumen bilden die Schnauze des Stachelschweins. Während nun der Vers gesprochen wird, legen sich die gespreizten Finger langsam um die Hände. Aus dem stachligen Finger-Tier ist ein rundes, weiches Kissen geworden.

Wo ist dein Haus?

Ich frag die Maus:
Wo ist dein Haus?
Die Maus erwidert mir:
Sag's nicht der Katz', so sag ich's dir.
Treppauf, treppab,
erst rechts, dann links,
dann wieder rechts
und dann gradaus –
da ist mein Haus,
du wirst es schon erblicken!
Die Tür ist klein,
und trittst du ein,
vergiß nicht, dich zu bücken!

Johannes Trojan

Dieses Gedicht sollte nur von Maus zu Maus ins Ohr geflüstert werden. Welche Maus verrät schon gerne, wo sie wohnt?
Mit flinken Füßen (Zeige- und Mittelfinger) rennt sie kreuz und quer, treppauf, treppab.
Schließlich kriecht sie durch die kleine »Tür« in ihr Haus (Faust der anderen Hand).

In unserem Häuschen
gibt's sehr viele Mäuschen.
Sie kribbeln und krabbeln,
sie zippeln und zappeln.
Sie gehn auf den Tisch,
auf Stühle,
auf Bänke
und in die Schränke.
Doch willst du sie fangen,
springen flink sie von dannen.

Heinrich Hoffmann v. Fallersleben

Klein Häschen wollt' spazierengehn

Klein Häs - chen wollt spa - zie - ren - gehn, spa -
zie - ren ganz al - lein, da hat's das Bäch - lein
nicht ge - sehn, und plumps fiel es hin - ein.

Das Bächlein trieb's dem Tale zu,
dort wo die Mühle steht
und wo sich ohne Rast und Ruh
das große Mühlrad dreht.

Ganz langsam drehte sich das Rad,
fest hielt's der kleine Has,
und als er endlich oben war,
sprang er vergnügt ins Gras.

Dann läuft Klein Häschen
schnell nach Haus,
vorbei ist die Gefahr.
Die Mutter schüttelt's Fell ihm aus,
bis daß es trocken war.

Wenn gesungen wird, wollen auch die Hände mitspielen:

*1. Strophe   Das Häslein spaziert an der Tischkante entlang (Zeige- und Mittelfinger).
Es fällt in den Bach (plumpst vom Tisch in die andere Hand hinein).*

*2. Strophe   Das Bächlein nimmt es zur Mühle mit (von der anderen Hand um-
schlossen, wird das Häslein von den Wellen auf- und abgetragen). Das
Mühlrad dreht sich (beide Hände bewegen sich im Kreis).*

*3. u. 4. Strophe Das Häslein springt vom Mühlrad ab, läuft wieder den Tisch entlang zu
seiner Mutter (andere Hand). Sie fängt den Ausreißer ein und klopft ihm
das Fell aus.*

Rupfe, rupfe Gräschen,
da sitzen zwei Häschen,
doch kommt der Jäger,
husch, sind sie fort.

So wird die kleine Fingergeschichte mit den Händen »erzählt«:
Zwei Hasen mit langen Ohren sitzen im Gras (Fäuste, aus denen zwei Finger ragen). Ein
Jäger kommt. Er schaut durchs Fernglas (durch die Hände gucken). Ein lauter Knall
(Klatschen) – . . . Husch, die Hasen sind verschwunden. Nix getroffen, Herr Jäger!

Familie Sonnenkäfer

Erst kommt der Son - nen - kä - fer - pa -
pa; dann kommt die Son - nen - kä - fer - ma -
ma! Und hin - ter - drein, ganz klit - ze - klein, die
Son - nen - kä - fer - kin - der - lein, und hin - ter - drein, ganz
klit - ze - klein, die Son - nen - kä - fer - kin - der - lein.

Sie haben rote Röckchen an
mit kleinen schwarzen Pünktchen dran.
So machen sie den Sonntagsgang
auf unsrer Gartenbank entlang:

Erst kommt der Sonnenkäferpapa;
dann kommt die Sonnenkäfermama!
Und hinterdrein, ganz klitzeklein,
die Sonnenkäferkinderlein.

Während dieses Lied gesungen wird, spazieren viele Krabbelhände hintereinander her.

Wie tanzen die Mücken?

Dideldum!
Summ summ summ!
Das ist zum Entzücken!
Wie tanzen die Mücken,
die schnellen Gesellen,
so leise im Kreise,
so wohlig, so munter,
hinauf und herunter.

Dideldum, dideldum!
Summ, summ!
Immer herum,
dideldum!
Immer herum,
summ, summ!

Heinrich Hoffmann v. Fallersleben

Die Hände tanzen wie Mücken auf und ab. Dazu kann eine lustige Mücken-Musik gesummt werden.

Der Wetterhahn

Wie hat sich sonst so schön der Hahn
auf unserm Turm gedreht
und damit jedem kundgetan,
woher der Wind geweht.
Doch seit dem letzten Sturme hat
er keinen rechten Lauf,
er hängt so schief, er ist so matt,
und keiner schaut mehr drauf.
Jetzt leckt man an dem Finger halt
und hält ihn hoch geschwind;
die Seite, wo der Finger kalt,
von daher weht der Wind.

Wilhelm Busch

Woher kommt der Wind? – Man lecke den Finger ab und öffne das Fenster . . .
Wer lieber im Zimmer spielen mag, braucht nur seinen Ellbogen aufzustützen. Dieser
stellt den Kirchturm dar. Auf seiner Spitze dreht sich der Turmhahn (Hand). Auch
Geräusche spielen bei diesem Gedicht eine Rolle: das Blasen des Windes, das Heulen des
Sturms, das Ächzen des schiefen Turmhahns.

Wie das Fähnchen auf dem Turm
sich kann drehn bei Wind und Sturm,
so soll sich mein Händchen drehn,
daß es schön ist anzusehn.

Im Handumdrehen kann sich eine ganz normale Hand in ein Fantasiewesen verwandeln. Da genügen schon ein paar Farbtupfer, Stoffreste oder ein alter Handschuh. Doktor Bär, der tanzende Pinguin und all die anderen kleinen Schauspieler verzaubern ihr Publikum mit ihren Gedichten und gereimten Geschichten. Sie stellen seltsame Fragen und wissen lustige Antworten. Sie singen und tanzen hin und her. Und sei es auch nur auf einer winzigen Streichholzschachtelbühne oder hinter dem Fenster eines Briefumschlags.

Schau,
der Kater spielt Theater

… ein kleines Fingertheater

Zwickelzwack und Daumendick

Text und Melodie: Dorothée Kreusch-Jacob

Zwik-kel-zwack und Dau-men-dick kra-xeln auf den Berg:

Dau-men-dick ein Fin-ger-männ-chen, Zwik-kel-zwack ein Zwerg.

Refrain

Zwik-kel-zwack der ruft dir zu: „Was ich kann, das kannst auch du!

Laß mal al - le Fin-ger tan-zen! Schau, das kannst auch du!"

Zwickelzwack und Daumendick
kraxeln auf den Berg.
Siehst du sie da oben sitzen
mit den blauen Zipfelmützen?

Refrain
Daumendick, der ruft dir zu:
„Was ich kann, das kannst auch du!
Klatsch, patsch, pitsch und patsch,
schau, das kannst auch du!"

Zwickelzwack und Daumendick
kraxeln auf den Berg.
Siehst du sie da oben hocken
mit den bunten Ringelsocken?

124

Refrain
Zwickelzwack, der ruft dir zu:
„Was ich kann, das kannst auch du!
Itzeln, pitzeln, Nase kitzeln,
schau, das kannst auch du!"

Zwickelzwack und Daumendick
kraxeln auf den Berg.
Hörst du sie da oben lachen,
hopsen, hüpfen, Faxen machen?

Refrain
Daumendick, der ruft dir zu:
„Was ich kann, das kannst auch du!
Klatschen, patschen, itzeln, pitzeln
und dich an der Nase kitzeln,
wickel, wackel, hops und bumm!
Hopplahopp, jetzt falln wir um!"

Die Osterhasen

Hier sitzt ein Osterhase
im frischen grünen Grase.
Und hier kommt noch ein Häschen
und schnuppert mit dem Näschen.
Die Ohren spitzen beide
und fangen an, voll Freude
die Eier zu verstecken
in Wiese, Wald und Hecken,
die roten und die blauen.
Wie wird mein Kind da schauen!

Elfriede Pausewang

So entsteht ein Schattenhase: Daumen, Ringfinger und kleiner Finger berühren sich. Als Ohren werden Zeige- und Mittelfinger in die Höhe gestreckt. Entsprechende Bewegungen.

Karline Rund

Punkt, Punkt, Komma, Strich,
ich male mir ein Handgesicht,
das heißt Karline Rund,
hat Augen, Nas' und Mund.

Dorothée Kreusch-Jacob

Karlines Gesicht wird in den Handteller gemalt. Je nachdem, wie sich die Hand bewegt,
zieht Karline komische Grimassen.

Meine Mu, meine Mu,
meine Mutter schickt mich her,
ob der Ku, ob der Ku,
ob der Kuchen fertig wär'.
Wenn er no, wenn er no,
wenn er noch nicht fertig wär',
käm' ich mo, käm ich mo,
käm' ich morgen wieder her.

Ebenfalls zur Familie der Handgesichter gehört Karlines Freundin. Ihr Gesicht ist auf den Handrücken gemalt und nach allen Regeln der Kunst geschminkt. Bevor sie beim Bäcker Kuchen holen geht, bekommt sie noch ein buntes Kopftuch aufgesetzt.

Mondgesicht

Der Mond ist rund,
der Mond ist rund,
er hat zwei Augen,
Nas und Mund.

Volksgut

Ein Mond-Gesicht, zart in die Handfläche gemalt, tut so gut, daß sich der Anfang des Verses oft und oft wiederholen läßt. Mit geschlossenen Augen ist die kreisende Bewegung besonders intensiv zu spüren. Dazu braucht es nicht einmal Farbe. Denn das Mondgesicht ist auch mit den „inneren" Augen zu sehen.

Sonnengesicht

Liebe Sonne, komm heraus,
komm aus deinem Wolkenhaus!
Schick den Regen weiter,
mach den Himmel heiter!
Liebe Sonne, komm heraus,
komm aus deinem Wolkenhaus.

Während der Vers gesprochen wird, entsteht im Handteller eine strahlendgelbe Sonne. Strahl um Strahl ... Und zum Schluß bekommt sie noch ein lachendes Gesicht aufgemalt.
Vielleicht möchte das Sonnengesicht mit dem Mondgesicht spielen oder tanzen?

Schornsteinfeger Nante
geht zu seiner Tante,
läßt sich eine Schnecke geben,
sagt noch nicht mal danke.

Volksgut

Ein schwarzbemaltes Fingergesicht trifft sich mit einem rotbackigen Tantengesicht, das sich einen Fingerhut aufgesetzt hat. Das Spiel kann beginnen – und wird sicher länger als vier Verszeilen dauern.

Am Abend geistern Schatten

Text: Josef Guggenmos, Melodie: Dorothée Kreusch-Jacob

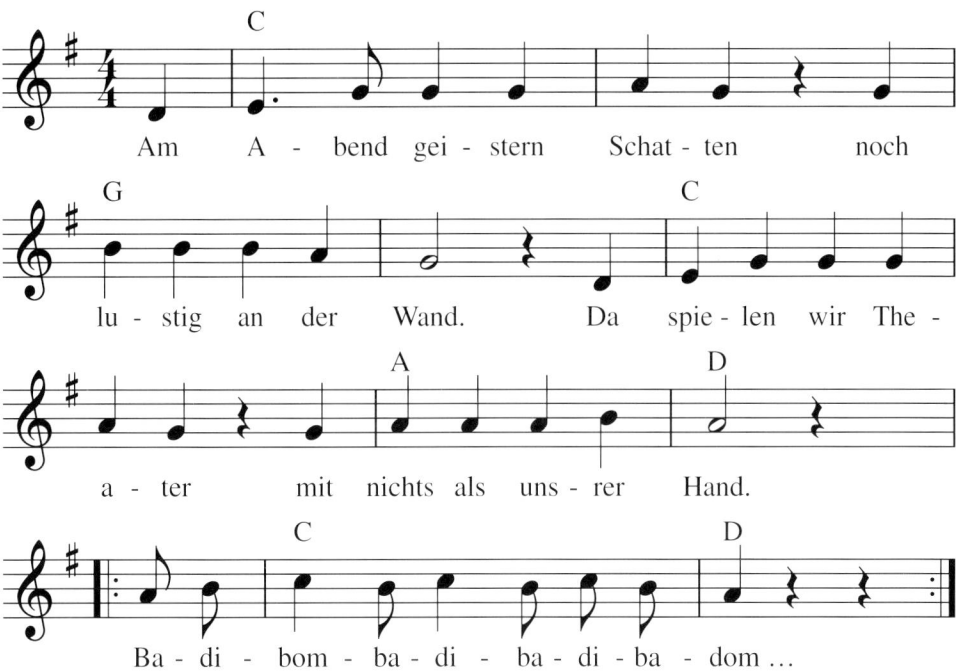

Am A - bend gei - stern Schat - ten noch
lu - stig an der Wand. Da spie - len wir The -
a - ter mit nichts als uns - rer Hand.
Ba - di - bom - ba - di - ba - di - ba - dom ...

Wer zeigt sich überm Bette,
welch Untier groß und grau?
Das ist der Wolf, der böse,
den kennt man ganz genau!
Ba-di-bom ...

Sein Hunger ist gewaltig,
sein Rachen fürchterlich:
Du Ziegenbock da drüben,
gib acht, gleich frißt er dich ...

Der Gockelhahn, der stolze,
macht seine Sache gut.
Wer kommt ihm da entgegen?
Sieh an, ein Herr mit Hut ...

Was tut die brave Ente
in unserm Schattenspiel?
Mit ihrem Schnabel schnappt sie
keck nach dem Krokodil ...

Am Schluß gibt's was zu lachen:
ein Has', der Männchen macht!
Er winkt mit seiner Pfote:
für heute gute Nacht ...

(Wiederhole den Refrain, sooft du willst, und laß dabei die Schattenfiguren tanzen!)

Doktor Bär
schickt mich her,
ob der Kaffee fertig wär'.
Morgen um sieben
wird er gerieben,
morgen um acht
wird er gemacht,
morgen um neun
kommt er herein,
da soll der Kaffee fertig sein.

Bärenstark! Ein einfacher Fausthandschuh kann den Hand-Schauspieler im Handumdrehen verwandeln. Die Ohren werden mit Faden abgebunden. Zwei Knöpfe als Augen und eine Schnauze aus Wolle . . . fertig ist Doktor Bär.

Max und Moritz stehn vorm Laden,
wollen einen Lolly haben.
»Leider, Lollys gibt's hier nicht!«
Max und Moritz ärgern sich.

»Grüß Gott, grüß Gott, was wollen Sie?«
»Zucker und Kaffee.«
»Da haben Sie's, da haben Sie's.«
»Adieu, adieu, adieu.«
»So warten's doch, so warten's doch,
Sie kriegen noch was 'raus!«
»Behalten Sie's, behalten Sie's,
wir müssen jetzt nach Haus!«

Markttag in Fingerstetten. Eben baut Alois Linkshanderl seinen Stand auf. Beide Hände bilden ein Dach, die Zeigefinger den Ladentisch. Dahinter spielt der kleine Finger den Verkäufer Alois Linkshanderl. Ach, ja, da sind auch schon die ersten Kunden! Sie werden von den beiden Daumen dargestellt. »Grüß Gott, grüß Gott . . .«

Backe, backe Kuchen

Text: Nortrud Boge-Erli
Melodie: Volksgut

Bak-ke, bak-ke Ku - chen! Wer mag, der kann's ver - su - chen!
Wer will Ei - er - kuchen bak - ken, muß zu - erst ein Ei auf-knacken.

Noch ein Ei! Reichen zwei? Milch gieß rein, Mehl, das muß ge - wo-gen sein!

gesprochen:

· Rühr' den Ei - er - ku-chen mit dem Rühr - mix, brrrrrrr!

Während das Lied gesungen wird, machen die Hände alle Bewegungen mit: Eier auf-schlagen, Milch eingießen, Mehl abwiegen, rühren . . . und schließlich mit verzücktem Gesicht kreisend über den Bauch streichen. Mmmmmmm!

132

Hinterm Haus Nummer 3
ist die große Bäckerei.
Da gibt's Torten,
alle Sorten,
Zuckerbrezeln, süße Kuchen.
Wollen Sie davon versuchen?
Danke sehr, ich hätte gern
Gugelhupf und Zimmetstern.

Hanswurst

I bin der Hanswurst,
hab' alleweil Durst
und Hunger, auweh,
von der Nas' bis zum Zeh'.

Was hab i e Kleid,
nit eng und nit weit!
Wo schlaf i? Im Stroh!
Und doch bin i froh!

Und hör i e Geig,
so zappel i gleich:
da hupft mir vor Lust
mei Herz in der Brust.

Friedrich Güll

Eine kleine Papiertüte bekommt ein lustiges Hanswurstgesicht aufgemalt. Dort, wo die Nase sein soll, wird ein Loch eingeschnitten, damit der Finger durchpaßt.
Daumen und Mittelfinger sind die Arme. Nun kann der Hanswurst mit der Nase wackeln und mit den Armen zappeln.

Der tanzende Pinguin

Text und Melodie: Dorothée Kreusch-Jacob
(nach einem Volkslied aus Thüringen)

Tanz, tanz, Pin - gu-in, du hast den schön -sten
Frack! Heb die Fü - ße ganz ge - schwind,
daß dein Fräck-lein tanzt im Wind. Tanz, tanz,
Pin - gu-in, du hast den schön - sten Frack!

Der Tanz-Pinguin wird auf ein Stück Karton gemalt und ausgeschnitten. Unten, durch die beiden Löcher, können die Finger durchgesteckt werden. So hopst und tanzt der Pinguin über den Tisch.

Schau, da kommt mein Elefant,
kommt dahergerannt, -rannt, -rannt.
Schnauft und schnauft und schnauft so sehr,
schwenkt den Rüssel hin und her.
Kommt direkt aus Afrika –
seit zwei Stunden ist er da.
Ist er denn zu Fuß gekommen?
Hat ein Bus ihn mitgenommen?
Oder reiste er per Bahn?
Kam er mit dem Schiff hier an?
Ist er durch die Luft geflogen?
Glaub mir, alles ist gelogen:
Dieser kleine Elefant
wird gespielt von meiner Hand.

Dorothée Kreusch-Jacob

Der Hand-Elefant kann laufen und sogar seinen Rüssel hin- und herschwenken. So wird er gemacht: Aus einem Stück Karton einen Elefantenkopf ausschneiden und grau anmalen. Dort, wo der Rüssel sein müßte, schneiden wir ein rundes Loch, durch das der Mittelfinger hindurchpaßt. Die restlichen Finger sind die vier Füße.

Daumenlang

Kleiner Däumling, kleiner Däumling,
hast ein winzig kleines Haus,
größer nicht, doch noch viel kleiner
als 'ne Falle für die Maus.

Kleiner Däumling, kleiner Däumling,
hast so einen kleinen Hut,
größer nicht, doch noch viel kleiner
als des Schneiders Fingerhut.

aus einem Gedicht
von Friedrich Güll

*Mit seinem bunten Hütchen aus Papier schaut Daumenlang aus dem
Streichholzschachtel-Haus.
Und wenn die Schachtel zugeschoben wird, ist er weg. So schnell, wie er gekommen ist!*

Himpelchen und Pimpelchen,
die gingen auf einen Berg.
Himpelchen war ein Heinzelmann,
und Pimpelchen war ein Zwerg.
Sie blieben lange da oben sitzen
und wackelten mit den Zipfelmützen.
Doch nach fünfundsiebzig Wochen
sind sie in den Berg gekrochen,
schlafen da in guter Ruh',
seid mal still und hört gut zu!

Ein Zwergentheater läßt sich leicht aus einer kleinen, flachen Schachtel bauen. Dazu wird die Rückwand herausgenommen. Dann kann der Rahmen mit dem Vorhang aus Papier beklebt werden. Wer sein Bühnenbild (Berge, Bäume ...) auf eine Pappleiste klebt, kann es immer wieder auswechseln; je nachdem, welches Fingermärchen gerade gespielt wird.

Ein Federchen flog über Land

Ein Federchen flog über Land.
Ein Nilpferd schlummerte im Sand.
Die Feder sprach: »Ich will es wecken!«
Sie liebte, andere zu necken.
Aufs Nilpferd setzte sich die Feder
und streichelte sein dickes Leder.
Das Nilpferd öffnete den Rachen
und mußte ungeheuer lachen.

Joachim Ringelnatz

Drei Rollen sind für dieses Hand-Theaterstück zu vergeben: der Erzähler, der das Gedicht vorliest, das Nilpferd (eine große Hand) und das Federchen (eine kleine Hand). Mehr nicht. ... Vorhang auf, das Spiel beginnt.

Fünf Männlein sind auf die Jagd gegangen.
Sie wollten einen Hasen fangen.
Der erste, der war so dick wie ein Faß.
Der brummte immer: »Wo ist der Has'?«
Der zweite, der schrie: »Hurra, Hurra!
Da sitzt er ja, da sitzt er ja!«
Der dritte, der fing an zu weinen:
»Ich sehe keinen, ich sehe keinen!«
Da sprach der vierte: »Das ist mir zu dumm!
Ich kehr' wieder um! Ich kehr' wieder um!«
Der fünfte aber, der kleinste von allen,
piff-paff, der ließ die Flinte knallen.
Er hat den Hasen nach Hause gebracht.
Da haben alle Leute gelacht.

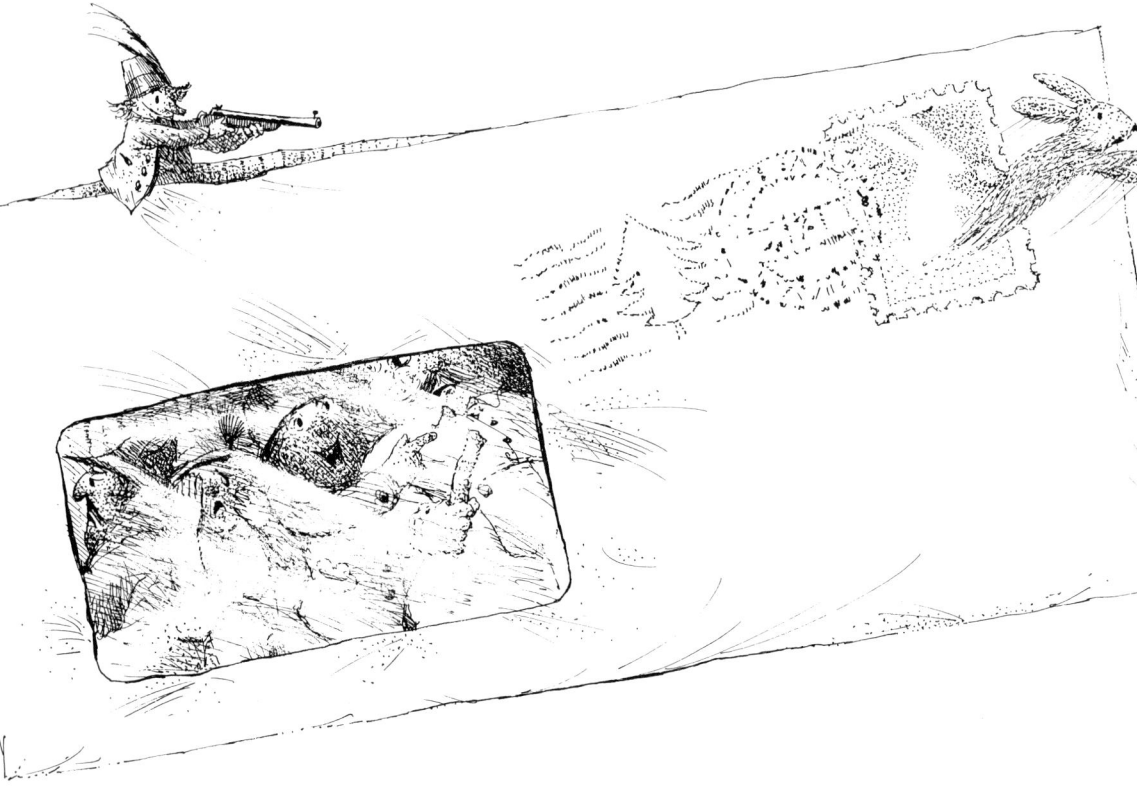

Fünf Finger-Männlein spielen hinter dem Fenster eines Briefumschlags Theater.
Jeder »Schauspieler« bekommt ein lustiges Gesicht aufgemalt.

In dem Walde steht ein Haus

In dem Wal - de steht ein Haus, guckt ein Reh zum
Fen - ster 'raus, kommt ein Häs - chen an - ge - rannt,
klop - fet an die Wand. Hil - fe, Hil - fe,
gro - ße Not, gleich schießt mich der Jä - ger tot.
Ar-mes Häschen, komm her - ein, kannst nun ru - hig sein.

*Wer mag, kann dieses Lied erst einmal ohne Melodie, nur mit den Händen und mit
Gesten spielen: ein »Waldhaus« darstellen, durchs »Fernglas« schauen, laufen, klopfen
oder schießen mit Fingern und Geräuschen ausdrücken.*

Ein Käfer, der spazierenflog

Text: Josef Guggenmos
Melodie: Dorothée Kreusch-Jacob

Ein Kä - fer, der spa - zie - ren - flog, fiel
in den Fluß und dann, dann dach - te er: Jetzt
zap - ple ich, so - lang ich zap-peln kann.

Er zizazozazappelte
(so macht man's in der Not).
Da schwamm daher ein Rosenblatt,
ein Schiffchen rosenrot.

Das war ihm recht. Gleich stieg er auf.
Ich hab' ihn fahren sehn,
den Fluß hinab, an mir vorbei
als stolzen Kapitän.

Ein bunter Käfer aus Papier wird auf einen Papierring geklebt und über den Finger gestreift. Nun kann das Abenteuer beginnen. Gut, daß ganz zufällig ein Rosenblattschiffchen (eine andere Hand) vorbeikommt . . .

Fuchs und Hase

Fuchs: »Guten Morgen, lieber Hase,
    ei, wie eilig in der Früh!«

Hase: »Ich besuche meine Base.«

Fuchs: »Sei so gut und grüße sie.
    Ei – fast hätt' ich es vergessen,
    die hab' ich schon aufgefressen!«

Ein Sonnenfleck an der Wand genügt. Schon kann ein Mini-Schattentheater aufgeführt werden.
Dazu schneiden wir die Umrisse von Fuchs und Hase aus Papier aus und kleben sie auf Papierringe. Sobald sie auf die Finger gesteckt werden, geht's los. – Und wer mag, kann alle übrigen Finger mit Papierbäumen schmücken. So spielen die beiden Fingerpuppen vor einem »Bühnenbild«.

Kater – Theater

Donnerwetter –
auf de Bretter
sitzt en Kater,
spielt Theater!
Kommt ne Maus,
Spiel ist aus.

Der Pudel ist ein Schattenhund,
mit Auge, Fell und großem Mund.
Doch nimmst du ihm den Lampenschein,
kann er auch kein Hund mehr sein.

Elisabeth Borchers

Alles, was Hände hat, ob große oder kleine, kann mitspielen. Leise und laute Spiele sind hier versammelt. Spiele für zwei und Spiele für viele Mitspieler. Bei der Reise nach Amerika steigen, rund um den Tisch, alle möglichen Tiere zu. Und beim Fischen heißt es: Aufgepaßt! Ob der Fischer nicht doch einen Hand-Fisch erwischt? Wer gerne mit den Händen Musik macht, sucht sich einen Freund, mit dem er ein Klatschliedchen spielen kann. Oder er geht als Hamster Plusteback auf den Klaviertasten spazieren. Und wem es schlußendlich zu bunt wird, der läßt sich die Augen zu einem leisen Tast-Spiel verbinden. Hier zeigt sich, wer Ge-»fühl« und Ge-»spür« in den Fingerspitzen hat: »Wirrle, warrle, was ist das?«

Kommt,
wir spielen Handsalat

… allerlei Handspielereien

Handsalat

Kommt, wir spielen Handsalat!
Hände her, wer Hände hat,
legt sie alle frisch-
gewaschen auf den Tisch.

Acht kleine Zeigefinger,
acht kleine Mittelfinger,
acht kleine Ringelfinger,
acht kleine kleine Finger

und dazu die Daumen
für verwöhnte Gaumen,
viele goldne Fingerringe,
lauter delikate Dinge.

Putzen, pfeffern, salzen,
würzen, ölen, schmalzen,
alles durcheinanderrühren
und nun wollen wir probieren.
Au!

Richard Bletschacher

Ringlein, Ringlein, du mußt wandern

Ring - lein, Ring - lein, du mußt wan - dern
von dem ei - nen zu dem an - dern, das ist lu - stig,
das ist schön, laßt das Ring - lein nur nicht sehn!

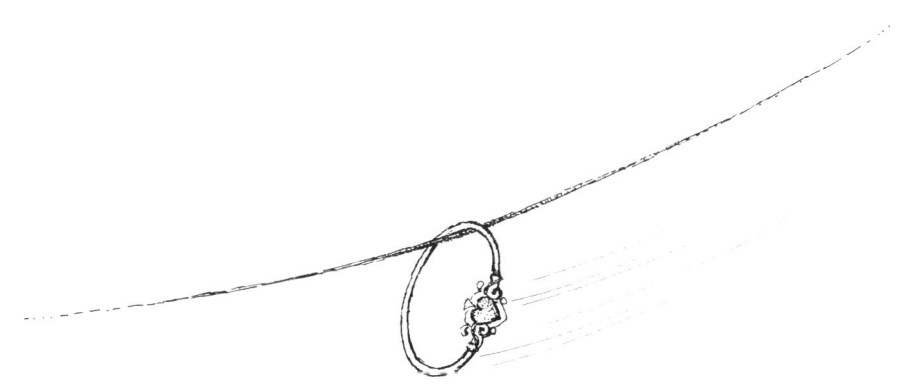

Alle Mitspieler sitzen im Kreis. An einer zusammengebundenen Schnur wandert heimlich ein Ring von Hand zu Hand. Ein Kind in der Mitte muß am Ende des Liedes raten, in welcher Hand der Ring versteckt ist. Hat es richtig geraten, muß das Kind in die Mitte, bei dem der Ring entdeckt wurde.

Die wandernde Kartoffel

Text und Melodie:
Dorothée Kreusch-Jacob

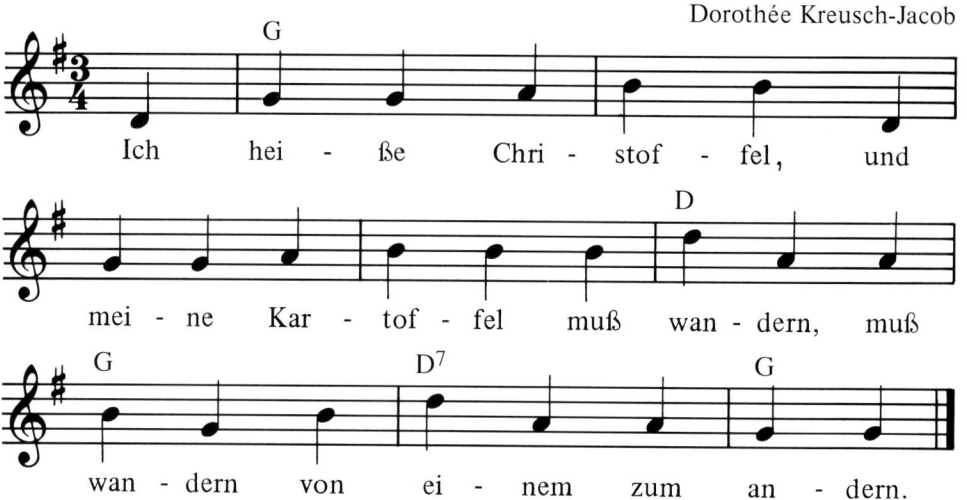

Ich hei - ße Chri - stof - fel, und
mei - ne Kar - tof - fel muß wan - dern, muß
wan - dern von ei - nem zum an - dern.

Ich heiße Christoffel,
und meine Kartoffel
muß reisen,
muß reisen,
wer wird sie verspeisen?

*Wie schön sich das anfühlt, wenn eine warme Kartoffel von Hand zu Hand wandert.
(Ist sie heiß, wird's allerdings eine schnelle Reise!)
Wer am Ende des Gedichts die Kartoffel in der Hand hat, darf sie mit Butter und Salz
verspeisen. Währenddessen wird weitergespielt, bis der Kartoffeltopf leer ist.*

Der Fischer

Ich hab' gefischt,
ich hab' gefischt,
ich hab' die ganze Nacht gefischt
und leider keinen Fisch erwischt!

Die Hände der Mitspieler liegen auf dem Tisch. Der Fischer kreist mit der flachen Hand über dem »Teich«. Dabei spricht er den Vers. Beim letzten Wort versucht er, eine der Hände zu fangen. – Wer erwischt wird, spielt beim nächsten Mal den Fischer.

Tastsäckchen

Rate, rate, was ist das,
in meinem Säckchen raschelt was?

Jedes Kind füllt ein Papiertaschentuch mit raschelnden, kleinen Dingen (Papier, Nuß-schalen . . .) und bindet es zu. Die Säckchen werden vermischt. Sie wandern von Hand zu Hand, von Ohr zu Ohr, so lange, bis alle ihr eigenes Säckchen wieder gefunden haben.

Wer zuerst lacht . . .

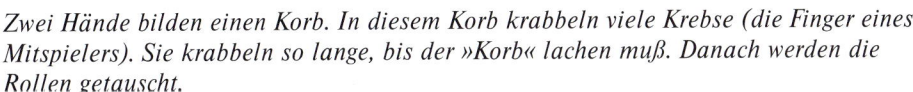

Große Krebse krabbeln in dem großen Korb.
In dem großen Korb krabbeln viele große Krebse.

Zwei Hände bilden einen Korb. In diesem Korb krabbeln viele Krebse (die Finger eines Mitspielers). Sie krabbeln so lange, bis der »Korb« lachen muß. Danach werden die Rollen getauscht.

enzerle zenzerle zizzerle zä –
eichele beichele
knell!

Jeder Spieler hält seine Fäuste geballt vor sich. Derjenige, der abzählt, schlägt im Rhythmus des Verses mit seiner Faust auf die anderen Fäuste.

Tire, tire, titz,
in welcher Hand sitzt's?
Oben oder unten?

Ein Steinchen ist in der Faust versteckt. Während der Vers gesprochen wird, klopft das Kind abwechselnd beide Fäuste. Wer errät, in welcher Hand sich der Stein befindet, bekommt ihn und darf weiterspielen.

Ich bin ein Musikant

Text und Melodie:
Dorothée Kreusch-Jacob

Ich bin ein Mu - si - kant, kann
spie - len mit der Hand. Horcht nur, horcht nur
al - le her! Hän - de - klat-schen ist nicht schwer.

Ich bin ein Musikant . . .
Horcht nur, horcht nur alle her!
Fingerschnipsen ist nicht schwer.

Ich bin ein Musikant . . .
Horcht nur, horcht nur alle her!
Schenkelpatschen ist nicht schwer.

Ich bin ein Musikant . . .
Horcht nur, horcht nur alle her!
Trommeln ist doch gar nicht schwer.

Ich bin ein Musikant . . .
Horcht nur, horcht nur alle her!
Fingerpfeifen ist nicht schwer.

Ich bin ein Musikant . . .
Horcht nur, horcht nur alle her!
Grashalmblasen ist nicht schwer.

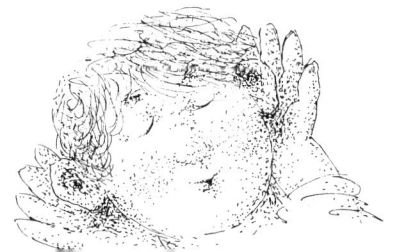

153

Fühl-Tiere

»Wir geben einen Ball«, sang die Nachtigall.
»So?« fragte der Floh.
»Wozu?« muhte die Kuh.
»Was werden wir speisen?« piepsten die Meisen.
»Jeder 'ne Nudel«, bellten die Pudel.
»Genau«, grunzte die Sau.
»Was werden wir trinken?« fragten die Finken.
»Bier!« brüllte der Stier.
»Tee!« sagte das Reh.
»Nein, Wein!« grunzte das Schwein.
»Wo werden wir tanzen?« fragten die Wanzen.
»Im Haus«, piepste die Maus.

Alle diese Tiere – und noch mehr – werden aus Schmirgelpapier ausgeschnitten und mit einem Tuch zugedeckt. Nun heißt es tasten, fühlen, mit den Händen »sehen«. Welches Tier wurde gefangen? Ein Vogel, eine Kuh, ein Hund, eine Maus …?

Plusteback

Das ist der Hamster Plusteback,
der treibt so manchen Schabernack.

Den Plusteback, den siehst du hier
spazierengehn auf dem Klavier.

Lapling, laplirr – mit seinen Pfoten
spielt er, laplong, ganz ohne Noten.

Springt wild umher, gibt keine Ruh'.
Auf einmal klappt der Deckel zu.

Das ist der Hamster Plusteback,
der treibt so manchen Schabernack.

Wolfgang Menzel

Das Hamsterspiel auf den Klaviertasten macht kleinen Händen Spaß. Lapling, laplirr, laplong . . . ganz ohne Noten treibt Hamster Plusteback seine musikalischen Erfinder-Spiele.

Alles, was Flügel hat . . .

Alles, was Flügel hat, fliegt hoch!
Die Spatzen fliegen . . . hoch!
Die Eulen fliegen . . . hoch!
Die Flugzeuge fliegen . . . hoch!
Die Tische fliegen . . .   !

Nein, Tische haben keine Flügel!
Ein Spieler ruft alle möglichen und unmöglichen Dinge beim Namen, die fliegen – oder
auch nicht. Jedesmal hebt er bei »hoch« die Hände.
Die anderen Spieler trommeln leise mit den Fingerspitzen auf den Tisch. Sie heben nur die
Hände, wenn sie ganz sicher sind, daß das Ding auch wirklich fliegt. Wer im falschen
Moment die Arme hochhebt, übernimmt beim nächsten Spiel die Rolle des Ausrufers.

Abzählverse

Ene mene, mink mank, pink pank,
ose bose backe dich,
eia weia weg.

Ebberte, bebberte, zibberte za,
ribberte, bibberte, bon,
knabberte, babberte, zabberte za,
schubberte, knubberte, knon.

Schickle, Scheckle,
Bohnensteckle,
Schnellebelle,
Trillebille,
Knuppe, Knolle, Knopf.

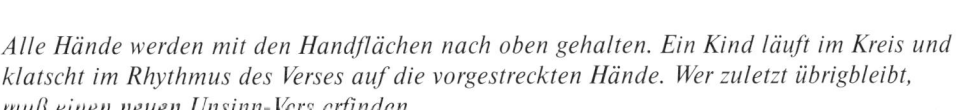

Äne, däne, diadee,
diadee di Salome,
Salome digattriga,
gattri, gattri, gums.

Eni beni subtraheni
divi davi domi neni
ecco brocca casa nocca,
zingele, zangele, dus.

Alle Hände werden mit den Handflächen nach oben gehalten. Ein Kind läuft im Kreis und klatscht im Rhythmus des Verses auf die vorgestreckten Hände. Wer zuletzt übrigbleibt, muß einen neuen Unsinn-Vers erfinden.

Die Katze rief:
»Gleich hab' ich dich!«
Die Maus rief:
»Och, och, och, –
ein Tisch,
ein Stuhl,
ein Schrank,
ein Ball,
ein Kind,
ein Korb,
ein Ding,
ein Trumm –
gottlob, da ist das Loch!«
Dann rief sie aus dem Loch heraus:
»Gerettet bin ich doch!«

Josef Guggenmos

Zwei Hände jagen sich und hüpfen von Hindernis zu Hindernis durchs Zimmer.

Kater Franz,
Kater Franz,
hält die Mäuse fest am Schwanz.

Nur zum Spaß
macht er das.

So gemein,
so gemein,
können manche Katzen sein!

Hermann Krekeler

Ein Daumen, der sich aus der Faust herausstreckt, wird von einer anderen Faust fest umschlossen. So hüpft der Mäuseschwanz um den Tisch.

Wirrle, warrle, was ist das?
Hinterm Ofen krabbelt was.
Ist kein Fuchs, ist kein Has'.
Wirrle, warrle, was ist das?

Ein Rate-Spiel für mehrere Kinder. Mit geschlossenen Augen soll gefühlt werden, wer gerade in der Handfläche oder auf dem Rücken krabbelt. Wenn der »Blinde« dreimal falsch geraten hat, darf er fragen »Wirrle, warrle, wer ist das?«. Als Antwort bekommt er ins Ohr geflüstert »wirrle, warrle«. Ob er nun die Stimme errät?

159

Rippel di rappel di knall!
Klingende Abzählverse

Eine kleine Dickmadam
fuhr mit der Eisenbahn.
Dickmadam, die lachte,
Eisenbahn, die krachte.
Eins, zwei, drei,
und du bist frei!

Volksgut

Eine kleine Piepmaus
lief ums Rathaus,
wollte sich was kaufen,
hatte sich verlaufen.
Schillewipp, schillewapp,
du bist ab!

Volksgut

Elleri, selleri, rippe di ra,
rippel di rappel di knall.

Volksgut

Itzen ditzen
Silberschnitzen,
itzen ditzen daus,
und du bist draus!

Volksgut

Eins, zwei, drei, vier, fünf, sechs, sieben,
auf dem hohen Berge drüben
steht ein Schloß mit blanken Zinnen,
wohnt ein alter Riese drinnen.
Fällt der Ries den Berg hinab,
bricht er sich die Beine ab,
doch er geht auch ohne Bein,
kann ja zaubern – du sollst sein!

Volksgut

Hexe Minka, Kater Pinka,
Vogel Fu, raus bist du.

Volksgut

Abzählverse können sich auch in kleine rhythmische Klangspiele verwandeln. Dabei hält jedes Kind im Kreis ein kleines Instrument zum Anschlagen in der Hand (Nuß, Stein, Glockenspielplättchen, Glöckchen ...). Augen zu – Ohren auf!

Wenn Fliegen hinter Fliegen fliegen,
fliegen Fliegen Fliegen nach.

Sssssss ... Zwei Hände spielen die Fliegen und fliegen einander nach. So zeichnen sie die schönsten Flug-Spuren in die Luft (vergleiche auch S. 27 die „liegende Acht").

Vorsicht: Zungenbrecher!

Die Bürsten mit den schwarzen Borsten bürsten besser,
als die Bürsten mit den weißen Borsten bürsten.
Brch... Brch... Brch...

Volksgut

Bloß nicht lachen! – Welche Bürste kratzt und kitzelt mehr, die schwarze oder die weiße? – Abwechselnd wird die Handinnenfläche der rechten und linken Hand „gebürstet" (mit den gekrümmten Fingern) und dazu gesprochen. Erst langsam, dann immer schneller.

Tigerschwanz

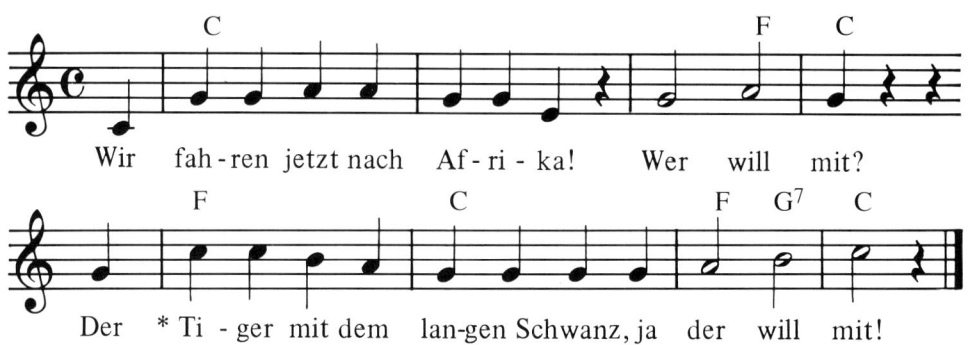

C F C
Wir fah-ren jetzt nach Af-ri-ka! Wer will mit?
F C F G7 C
Der * Ti - ger mit dem lan-gen Schwanz, ja der will mit!

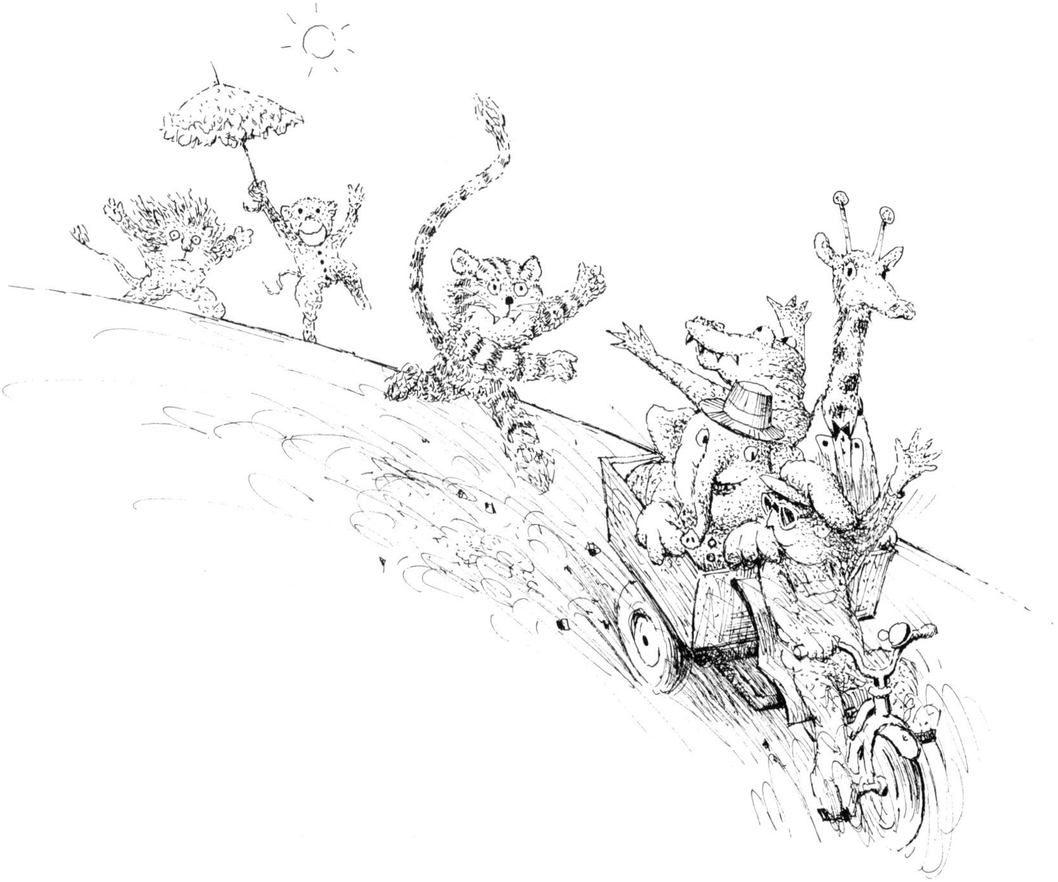

*Im Takt des Liedes klopft ein Kind mit seiner Faust auf die Fäuste der Mitspieler, die rund um den Tisch sitzen. Beim letzten Ton packt es die Faust beim Daumen, bei der es eben angekommen ist. Nun geht die Reise zu zweit weiter – und das Lied von vorne los. Jedesmal steigt ein anderes Tier zu, –*Affe, Löwe …*

Rätsel für Anna

Anna hat's im Fäustelein.

Es ist nicht groß, es ist nicht klein,
es ist nicht hart, es ist nicht weich,
es ist nicht arm, es ist nicht reich,
es ist nicht schwarz, es ist nicht weiß,
es ist nicht kalt, es ist nicht heiß,
es ist nicht dick, es ist nicht dünn,
es ist nicht gelb, es ist nicht grün,
es ist nicht blau, es ist nicht rot,
es lebt nicht, ist nicht tot,
es ist nicht gut und auch nicht böse –
nun streng dich an und löse!

Öffne Annas Fäustelein.

(nichts)

Anna Möss

Scheren schleifen, Scheren schleifen,
ist die beste Kunst,
die rechte Hand, die linke Hand,
die geb ich dir zum Unterpfand,
da hast du sie, da hast du sie,
da hast du alle beide.

Volksgut

Dieses Spiel wird zu zweit gespielt. Erst „schleift" jedes Kind seine Hände aneinander. Dann klatscht es abwechselnd, wie es der Text verlangt, in die Hände des anderen Kindes. Am Schluß treffen sich dann alle vier Hände mit einem lauten Klatschen.

Zisch, zisch, zisch,
gehobelt wird der Tisch:
glatt, glatt, glatt,
bis er keine Löcher mehr hat.

Volksgut

Bei diesem Vers werden zum Sprechrhythmus beide Handflächen schwungvoll aneinandergerieben („zisch, zisch ..."). In der zweiten Vershälfte wird der Schwung auf beide Unterarme ausgedehnt.

Pitsch, patsch, patsch,
barfuß durch den Matsch!
Der Matsch quillt durch die Zehen,
das stört uns nicht, wir gehen
fröhlich durch den Matsch,
pitsch, patsch, patsch!

Raimund Pousset

Eine große Hand patscht in eine kleine Hand, zum Rhythmus des Verses.

Jakob hat kein Brot im Haus,
Jakob macht sich gar nichts draus.
Jakob hin, Jakob her,
Jakob ist ein Zottelbär.

Volksgut

Mit Händen und Füßen kann dieser Vers begleitet werden. Im Wechsel stampfen die Füße und klatschen die Hände. Und schwerfällig bewegt sich der kleine Zottelbär voran. Wer mag, kann an die Füße noch kleine Schellenbänder binden.

Bin i auf der Wiesn gsessn,
hot der Schneck den Schneider gfressn.
Schnapp! – Hot er'n ghabt!

Aus dem Salzburgischen

Auch dieser Vers bekommt Klangfarbe durch die Instrumente, die wir immer bei uns tragen:
1. Zeile: abwechselnd mit beiden Füßen stampfen.
2. Zeile: abwechselnd auf beide Oberschenkel patschen.
3. Zeile: Schnapp! – hier wird kräftig geklatscht.

Auf dem Flachdach
sitzt Max Krachmach,
trommelt mit acht Stöcken,
daß die Leut erschrecken.

Nortrud Boge-Erli

Wild und heftig auf dem Tisch, einem Stuhl oder Karton „Schlagzeug" spielen. Beim letzten Wort klatschen alle in die Hände. Nun hört man die erschreckten Leute davonlaufen: mit den Fingerspitzen trommeln und immer leiser und leiser werden.

Mit Händen Freundschaft schließen – dazu ist es nie zu früh – und auch für große Kinder selten zu spät. Vielleicht mit dem kleinen Marienkäfer, der auf der Hand entlangkrabbelt? Vielleicht mit einem Elefanten, einem Kind, einem Freund?

Ich mag dich wie ein Elefant

… mit Händen Freundschaft schließen

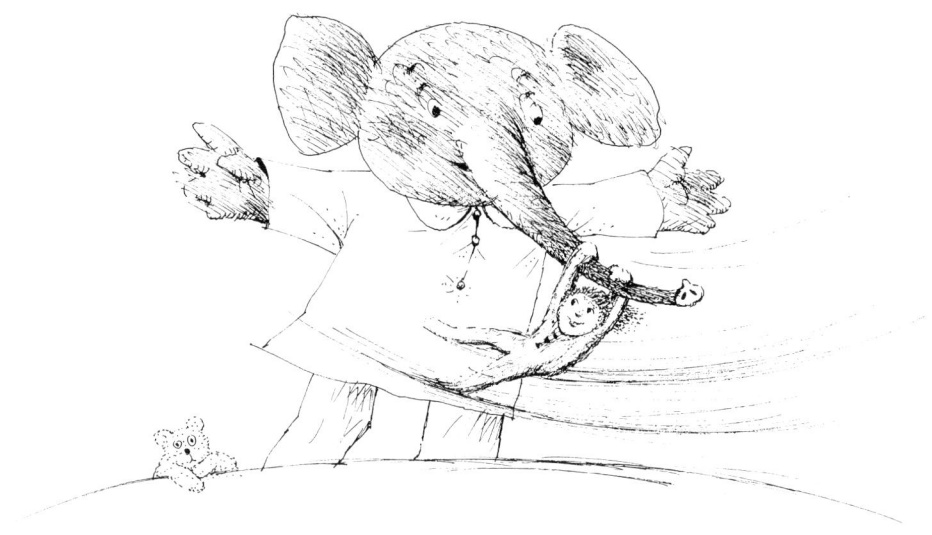

Ich geb dir meine schönste Hand
und einen dicken Kuß dazu.
Ich mag dich wie ein Elefant
so groß und immerzu.

Michael Ende

Ich bin auf einmal festgepappt
und kann mich nicht bewegen.
Zwar hab' ich früher Händ' gehabt,
die hab' ich wohl verlegen.

Und rechte Hand und linke Hand,
davon versteh' ich nix.
Ich hab' mein Lebtag nie gekannt
Verbeugung oder Knix.

Ich bin auf beiden Ohren taub
und höre nicht ein Wort.
Doch werd' ich gleich gesund, ich glaub',
gehst du nur erst mal fort.

Michael Ende

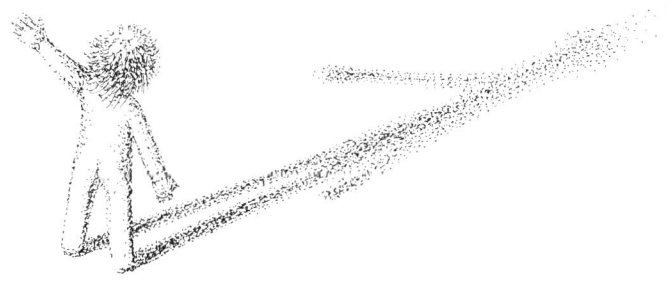

Linkshänder

Sie möchten das schöne Händchen haben.
Ich halte ihnen das linke hin.
Sie nennen mich einen Unglücksraben.
Sie hätten gern einen Musterknaben.
Ich bleibe, wie ich bin.

Hans Stempel + Martin Ripkens

So geht der Elefantentanz

Text: Josef Guggenmos
Melodie: Dorothée Kreusch-Jacob

War ein Mann, ging durchs Land, gab al-len die Hand und sag-te zu je-dem: ,,Guten Tag, E - le-fant!"

E - le-fan-ten sind wir jetzt, E-le-fan-ten ganz und gar und gar und ganz und tan-zen den E - le - fan - ten - tanz!

Marienwürmchen, setze dich
auf meine Hand, auf meine Hand,
ich tu dir nichts zuleide.
Es soll dir nichts zuleid' geschehn,
will nur deine bunten Flügel sehn,
bunte Flügel, meine Freude.

Des Knaben Wunderhorn

Du hast aus Gänseblümchen
mir einen Ring gemacht,
hast ihn mir heimlich angesteckt
und leis' dabei gelacht.

Jetzt rennst du fort
und läßt mich stehn.
Ich schau' mein Ringlein an
und wink' mit meiner Blumenhand,
solang ich winken kann.

Dorothée Kreusch-Jacob

manche meinen
lechts und rinks
kann man nicht
velwechsern.
werch ein illtum!

ernst jandl

Freundesgruß

Ich bin der kleinste Mann mit leeren Händen.
Ich bin der ärmste Mann mit kleinen Händen.
Doch mit dir
kann der kleine arme Mann
auch den größten Baum mit langen Ästen
auch das hohe Haus mit vollen Tischen
in den kleinen leeren Händen
über große Berge tragen.

Günter Bruno Fuchs

173

Quellenverzeichnis

Für die Erlaubnis zum Abdruck
folgender Beiträge danken wir
den Autoren und Verlagen:

Richard Bletschnacher, **Handsalat,**
S. 148, Rechte beim Autor

Nortrud Boge-Erli, **Kommt ein Käfer
geflogen,** S. 38, **Zwei kleine Hände,**
S. 47, **Fingertanz,** S. 60, **Trostlied von
den Sternen,** S. 85, **Zwei kleine Krabbelhände,** S. 98, **Das Stachelschwein,**
S. 113, **Backe, backe Kuchen,** S. 132,
Max Kramach (1. Str.), S. 165, Text-
rechte bei der Autorin

Elisabeth Borchers, **Deine, meine Entchen,** S. 83, **Viel Gutes wünsch' ich
Tag und Nacht,** S. 84, **Ich schenke
dir ein Kätzchen,** S. 91, **Der Pudel
ist ein Schattenhund,** S. 145, aus:
„Das Geburtstagsbuch für Kinder", ©
Insel Verlag Frankfurt am Main 1982
**Handmassage – Reflexzonen der Hän-
de,** Abb. S. 20, © 2002 J. Kamp-
hausen, Bielefeld

Michael Ende, **Ich geb dir meine schönste Hand,** S. 168, **Ich bin auf einmal
festgepappt,** S. 169, aus: Michael Ende,
„Das Schnurpsenbuch", © 1979 by
Thienemann Verlag (Thienemann Verlag GmbH), Stuttgart-Wien.

Hans Magnus Enzensberger, **Letzten
Endes weiß jedes Kind, daß es ‚gute'
und ‚schlechte' Reime gibt ...,** S. 16,
aus: „Allerleirauh", © Insel Verlag
Frankfurt am Main

Karl Foltz, **Klitzekleines Zwerglein,**
S. 34, aus: Karl Foltz: „Hörst du nicht
den feinen Ton?", © Möseler Verlag,
Wolfenbüttel

Roswitha Fröhlich, **Theodor, Theodor,**
S. 39, **Kommt ein Tier, will zu dir,**
S. 42, © Roswitha Fröhlich

Günter Bruno Fuchs, **Freundesgruß,**
S. 173, © beim Autor

Yvan Goll, **Ich möchte diese Birke sein,**
S. 81, aus: Yvan Goll. Die Lyrik in
4 Bänden. Bd. II.
Liebesgedichte 1917 – 1950, hg. u.
kommentiert von Barbara Glauert-
Hesse im Auftrag der Fondation Yvan
et Claire Goll, Saint-Dié-de-Vosges.
© 1996 Argon Verlag GmbH, Berlin,
S. 117. Alle Rechte bei u. vorbehalten
durch Wallstein Verlag, Göttingen

Josef Guggenmos, **Es war einmal ein
Reiter,** S. 49, **Am Abend geistern
Schatten,** S. 129, **Ein Käfer, der spazie-
renflog,** S. 142, **Die Katze rief,** S. 158,
aus: „Ich will dir was verraten", Beltz
& Gelberg, Weinheim 1992 © Text-
rechte beim Autor. **So geht der Elefan-
tentanz,** S. 170, aus: „Oh Verzeihung,
sagte die Ameise", Beltz & Gelberg,
Weinheim 1990. © beim Autor

Ernst Jandl, **manche meinen** (Original-
titel **„lichtung"**), S. 172 (24), aus
ders.: „laut und luise", Werke in 10
Bänden, hg. von Klaus Siblewski,
© 1997 Luchterhand Literaturverlag
GmbH, München

Janosch, **Krokodil schwamm im Nil,**
S. 112, © für den Text beim Autor
KNISTER, **Guten Tag, Frau (Herr)
Nebenmann,** S. 47, **Fünf Finger
stehen hier und fragen,** S. 62, **Fünf
Fingerwärmen sich,** S. 71, aus: Knis-
ter/Maar, „Frühling, Spiele, Herbst
und Lieder", Ravensburger Buchver-
lag, Ravensburg 1981. Alle Rechte bei
KNISTER

Hermann Krekeler, **Kater Franz,**
S. 159, Rechte beim Autor

Wolfgang Menzel, **Plusteback,** S. 155,
Rechte beim Autor

Anna Möss, **Rätsel für Anna,** S. 163, aus: Hans-Joachim Gelberg (Hrsg.), „Überall und neben Dir", © 1986 Beltz Verlag, Weinheim und Basel, Programm Beltz & Gelberg, Weinheim

Elfriede Pausewang, **Der Pflaumen-baum,** S. 104, **Es regnet,** S. 105, **Das fliegende Irmchen,** S. 108, **Katze und Spatz,** S. 108, **Das Zelt,** S. 109, **Da ist ein Mäuschen,** S. 109, **Die Osterhasen,** S. 125, aus: Elfriede Pausewang, „Die Unzertrennlichen. Neue Fingerspiele" 1 und 3, © Don Bosco Verlag, München

Raimund Pousset, **Pitsch, patsch, patsch,** S. 164, aus: FINGERSPIELE UND ANDERE KINKERLITZ-CHEN", Sachbuch 7774, Copyright ©1983 by Rowohlt Taschenbuch Verlag GmbH, Reinbek

Joachim Ringelnatz, **Ein Federchen flog über Land,** S. 139, aus: Joachim Ringelnatz, „Das Gesamtwerk in sieben Bänden", Copyright © 1994 by Diogenes Verlag AG Zürich

Wolfgang Rudelius, **Die Träne,** S. 93, aus: Hans-Joachim Gelberg (Hrsg.), „Überall und neben Dir", © 1986 Beltz Verlag, Weinheim und Basel, Programm Beltz & Gelberg, Weinheim

Regina Schwarz, **Du,** S. 78, Rechte bei der Autorin

Hans Stempel + Martin Ripkens, **Links-händer,** S. 169, © bei den Autoren

Weitere Titel von Dorothée Kreusch-Jacob

(Auswahl)

Ich schenk dir einen Regenbogen. Patmos Verlag, Düsseldorf 1993 (Lieder-Gesamtausgabe)
Mit Liedern in die Stille. Meditieren und Gestalten mit Kindern. Patmos Verlag, Düsseldorf 1996
Musikerziehung. Don Bosco Verlag, München 1999
Weihnachtsnüsse ess ich gern. Geschichten, Lieder zur Weihnachtszeit. dtv, München
Musik macht klug. Wie Kinder die Welt der Musik entdecken. Kösel Verlag, München 1999.

Schallplatten/Kassetten/CDs/Liederhefte
Das Liedmobil (1). Spiel- und Spaßlieder. Deutsche Grammophon junior
Das Liedmobil (2). Wach- und Traumlieder. Deutsche Grammophon junior
Heut nacht steigt der Mond übers Dach. Abendlieder. Deutsche Grammophon junior
Lieder von der Natur. pläne/Patmos
Rosen, Tulpen, Kieselstein. Lieder zum Feiern. pläne/Patmos
Tanzlieder. pläne/Patmos
Der Bärendoktor. Musikalische Trostpflästerchen. pläne/Patmos
Der LiederRegenbogen. pläne/Patmos
Lieder aus dem Ferienkoffer. pläne/Patmos
Lieder aus der Stille. Klangbilder/Meditationen. pläne/Patmos
Das Wolkenboot. Neue Klangbilder und Meditationen. Patmos
Mandala-Musik. Horchen, schauen, malen. Bauer Verlag
KIDs! Songs, Raps und coole Töne, pläne/Patmos

Kinder entdecken Komponisten
Johann Seb. Bach – Von Tastenrittern und Klavierhusaren – oder: Wer hat Angst vor der Fuge? Deutsche Grammophon junior
Ludwig van Beethoven – Die Wut auf den verlorenen Groschen – oder: Warum die Hühner ihre Eier verlegen. Deutsche Grammophon junior
Wolfgang A. Mozart – Glockenspiel und Zauberflöte – oder: Warum die Mohren tanzen mußten. Deutsche Grammophon junior
Klassik-Hits für Kids. Deutsche Grammophon/Kösel